最長406ヤード!

浦大輔のゴルフ “かっ飛び”メソッド

浦 大輔

日本文芸社

はじめに

「グリップはやわらか～く握る」「力まず楽～にスウィングする」「インパクトは意識しないで、フォローを大きくしましょ～」、よく言われますよね。そのほうが、ヘッドが走ってヘッドスピードが出るとか。力まないほうが軌道が安定して、ミート率が高まるとか。別に、それで満足いく飛距離が出せている人はいいのです。しかし、「そう打っているのに飛ばない」「飛ぶこともあるけど確率が低い」という人は、頭を切り替えましょう。飛ばし屋のプロと同じ考え方でスウィングをつくるのです。

クラブを指でしっかりと握り、腕の力も腹筋や背筋も、足の力もしっかり使って、全力でインパクトでボールを叩く。強く叩かないと、ボールは飛びません。金づちで釘を打つときもそうですよね。力を入れずにトントン頭を叩いても、ちょっとずつしか打ち込めません。一発で打ち込もうとしたら力を入れますよね。それと同じなのです。

「でもゴルフでは、力むとミスになるから」と反論しますか？　違うんですよ。それは、力んで打つ練習を

していないからです。それだけのことなんです。この本では、「力んで飛ばす」方法を解説しています。本を読み、その通りに力んで練習してください。読むだけではうまくならないですよ。練習しなくちゃダメです。練習しているうちに、飛ばしに必要な身体の強さも身についてきます。そんな練習法も紹介しています。

飛距離は伸びます。現に、私の生徒さんたちはどんどん３００ヤード飛ばしています。「え、１００球、打った？」。ダメダメ、全然ダメです。それ、全然力んでませんから。10球打ったらもうヘトヘトになるくらい、力を出しきらないと。プロはそのくらい力を入れて振っているんですよ。もう、本当に、飛ばし屋のプロと同じ感覚になってください。

まだ、その気になっていない人は、ＰＡＲＴ１を読んでください。動画もありますから、ぜひ見てください。その後、ＰＡＲＴ２もＰＡＲＴ３も読んで、練習してください。飛距離が伸びると色々と変わりますよ。ゴルフはもっと楽しくなります！

ルートディーゴルフアカデミー　ヘッドコーチ　**浦 大輔**

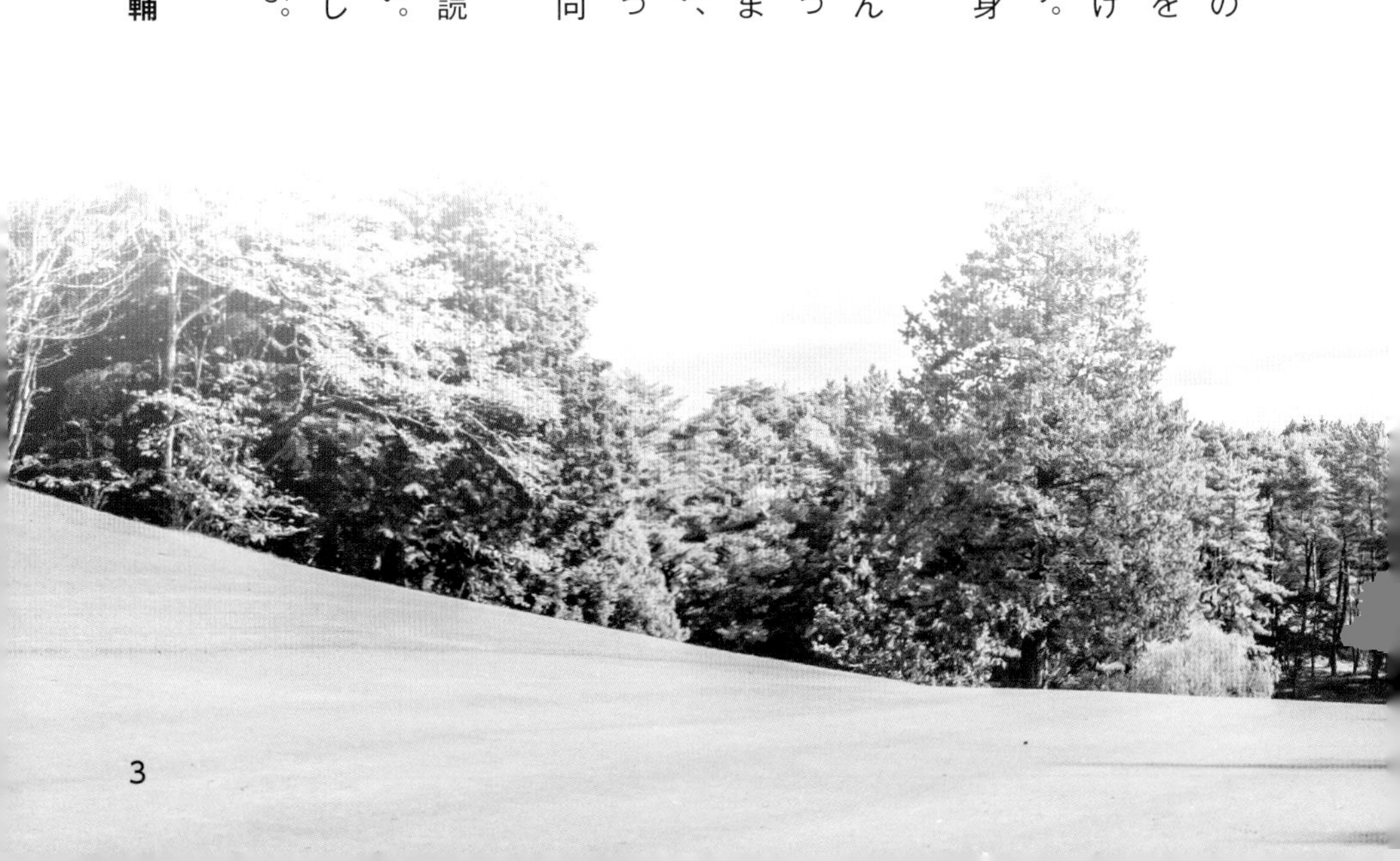

CONTENTS

PART 1

「飛ばす」ために意識する5ポイント

PART 2

“かっ飛びインパクト”をつくる

PART 3
飛ばしの絶対条件

※本書のPART2と3は、『ゴルフレッスンプラス』（日本文芸社）のvol.1～vol.7の連載記事「浦大輔“かっ飛びインパクト”」を再編集して構成したものです。

動画の見方

本書の内容の一部（PART1）は動画と連動しています。該当ページにあるQRコードをスマートフォンやタブレットのカメラやバーコードリーダー機能で読み取り、動画を再生してください。

1 カメラを起動

スマートフォンやタブレットのカメラやバーコードリーダーを起動します

2 QRコードを読み取るモードにする

「読み取りカメラ」など、QRコードを読み取れるモードにします。機種によっては自動で読み取ることもできます

3 画面にQRコードを表示させる

画面にQRコードを表示させ、画面内に収めます。機種によっては時間のかかるものもあります

4 表示されるURLをタップする

表示されたURLをタップすると、動画サイトに移動します。浦大輔プロのレッスン動画をぜひお楽しみください

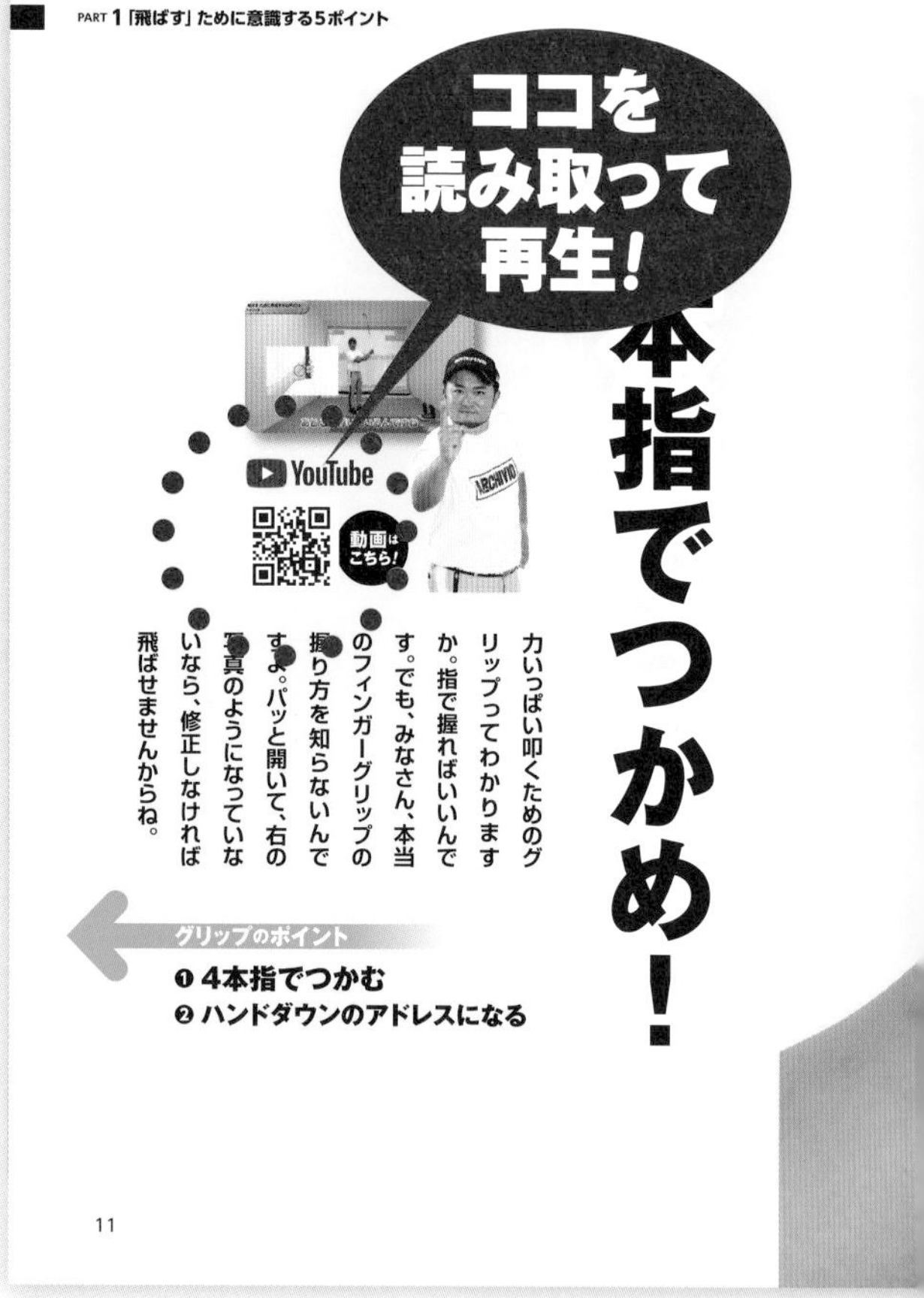
PART 1「飛ばす」ために意識する5ポイント

ココを読み取って再生!

本指でつかめ!

YouTube

動画はこちら!

力いっぱい叩くためのグリップってわかりますか。指で握ればいいんです。でも、みなさん、本当のフィンガーグリップの握り方を知らないんですよ。パッと開いて、右の写真のようになっていないなら、修正しなければ飛ばせませんからね。

グリップのポイント

❶ 4本指でつかむ

❷ ハンドダウンのアドレスになる

11

⚠ 動画を見るときの注意点

❶動画を見るときは別途通信料がかかります。できるだけ、Wi-Fi環境下で視聴することをおすすめします。

❶機種ごとの操作方法や設定に関してのご質問には対応しかねます。各メーカーなどにお問い合わせください。

❶動画の著作権は株式会社日本文芸社に属します。再配布や販売、営利目的の利用はお断りします。

PART 1
「飛ばす」ためにに意識する5ポイント

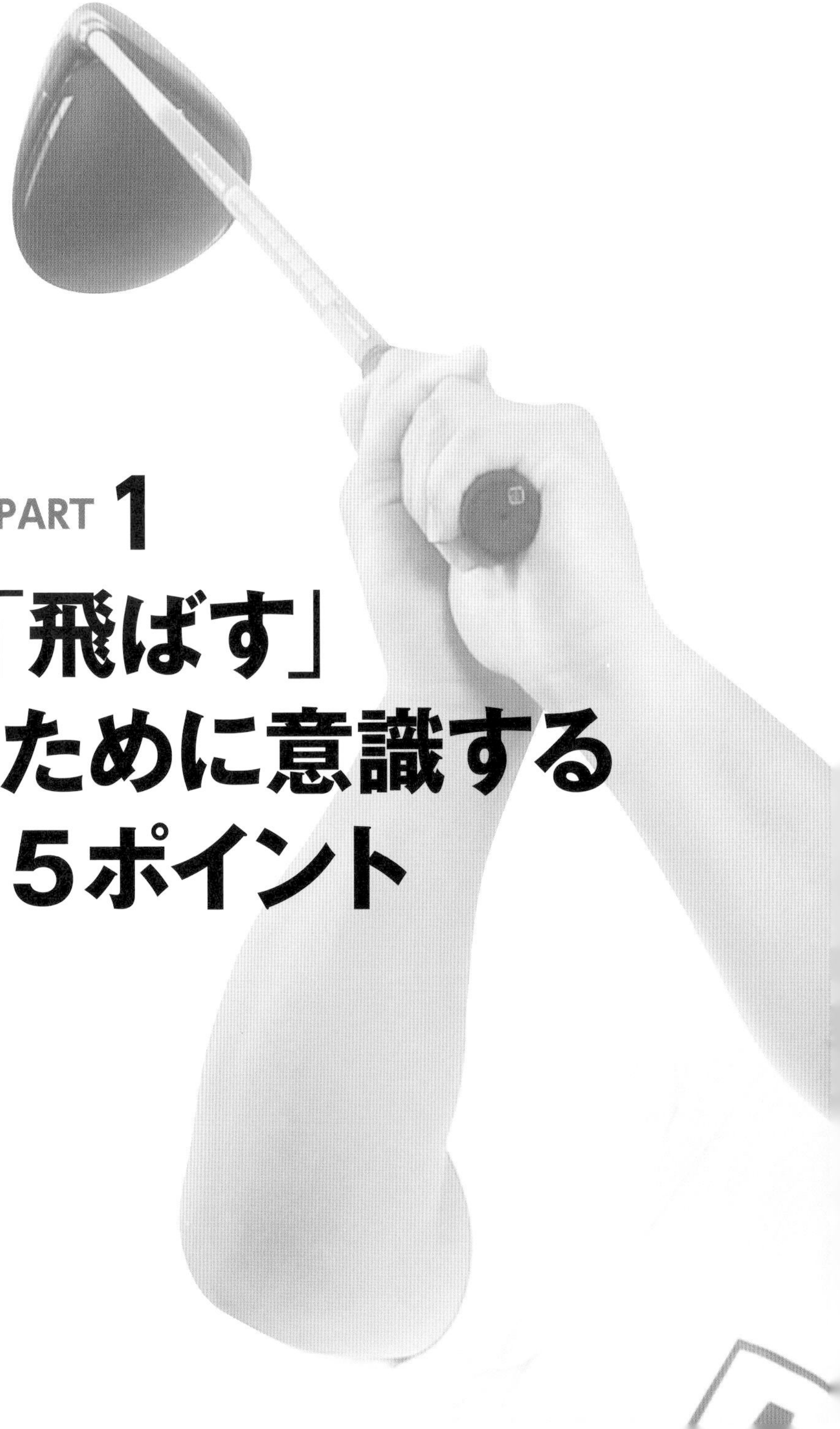

飛ばしたいなら

飛ばしの5ポイント
グリップ

4本指でつかめ!

力いっぱい叩くためのグリップってわかりますか。指で握ればいいんです。でも、みなさん、本当のフィンガーグリップの握り方を知らないんですよ。パッと開いて、右の写真のようになっていないなら、修正しなければ飛ばせませんからね。

グリップのポイント

❶ 4本指でつかむ

❷ ハンドダウンのアドレスになる

グリップ
❶

クラブと身体の「接点＝グリップ」ががっちりしてこそボールを叩ける

4本指でつかむ！ これが飛ばしの秘密！

4本指の付け根で握る。親指の付け根はグリップから遠い位置にある

かっ飛び！Point

僕は写真のように持てます。そのくらい力をつけないと飛ばせないので鍛えましょう！

手のひらとグリップのすき間は空いてOK

指の付け根で握るのがフィンガーグリップです。上の写真のように指先を曲げてグリップをつかんだら、親指で上から押さえます。親指の付け根はグリップから離れているので、手のひらにはすき間ができます。このすき間は軽くつぶすだけ。それで左手のグリップは完成です。詳しくは、58ページ、右手については62ページを読んでください。

4本指でつかんだ反対側から親指で拮抗させる

親指の腹を上からグリップに当てて4本指の力と拮抗させる

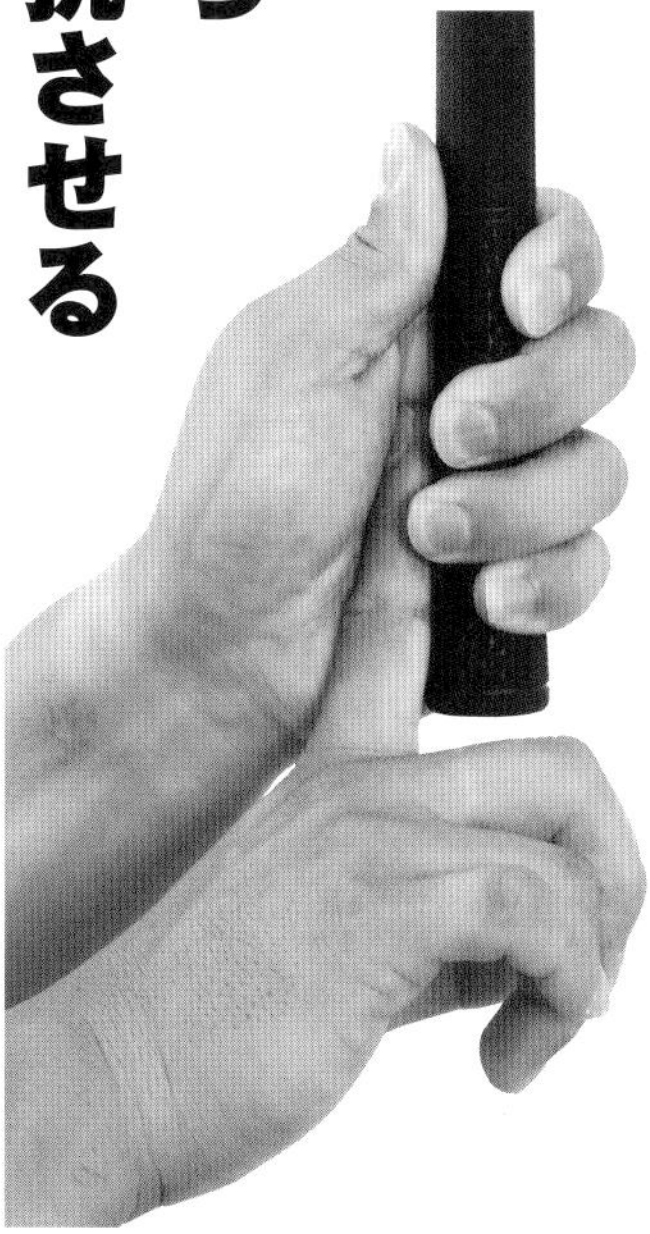

手のひらとグリップのすき間は軽くつぶすだけ。密着させる必要はない

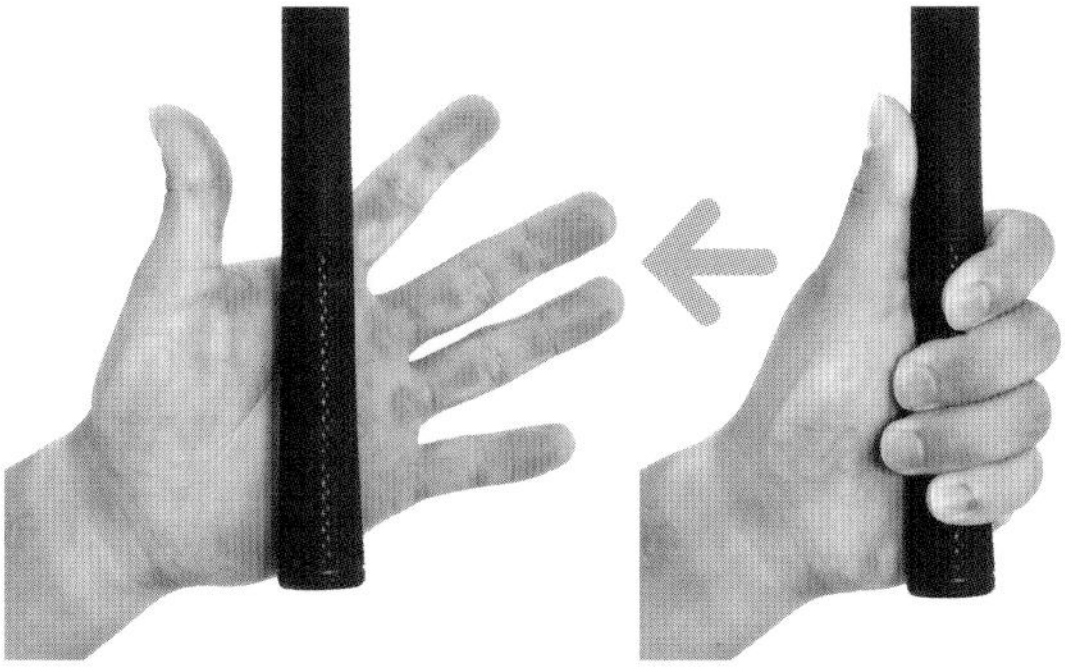

Bad

「握ってしまう」と手のひら側にズレる

手のひらをグリップに密着させようとした場合、手を開くと手のひらで握っていた位置になる（親指の付け根とグリップが近くなる）

グリップ
❷

手とクラブが直角に近いのでハンドダウンのアドレスになる

フィンガーグリップ

フィンガーで握ると腕とクラブに角度ができる

クラブを指の付け根でつかむと、手のひらとクラブの角度が直角に近くなる

かっ飛び！Point

フィンガーで握ると、構えたときに腕とクラブの角度が小さくなり、手の位置が低くなります。

パームグリップ

パームで握ると腕とクラブは一直線に近くなる

手のひらで握ると、腕とクラブの角度が広がり、手の位置が高くなる

力が必要なショットではハンドダウンにしている

指の付け根でつかむ、つまりフィンガーグリップをつくると、手のひらに対してクラブがほぼ直角になります。そのままアドレスをつくると、手が低い位置にきます。つまりハンドダウンです。この形をつくることが、指でしっかりクラブを支えて、強く叩く前提となります。

ちなみに、手のひらをグリップに密着させる、つまり手のひらで握るパームグリップにすると、手のひらとクラブの角度は斜めになります。構えたときの手の位置は高い、ハンドアップになります。

飛ばしたいなら左親指と右手の

飛ばしの
5ポイント
切り返し

V字で受け止め、跳ね返せ！

力いっぱいボールを叩くためには、切り返しの動きをどうつくるかがカギになってきます。どこへ、どう上げるのか。その答えは、左親指と右手V字が教えてくれます。

切り返しのポイント

❶ シャフトを押し返すための使い方
❷ 右手首の角度

切り返し ①

左手の親指と右手のV字でしならせたシャフトを押し返す

左手の親指と右手のV字が重さを受け止める

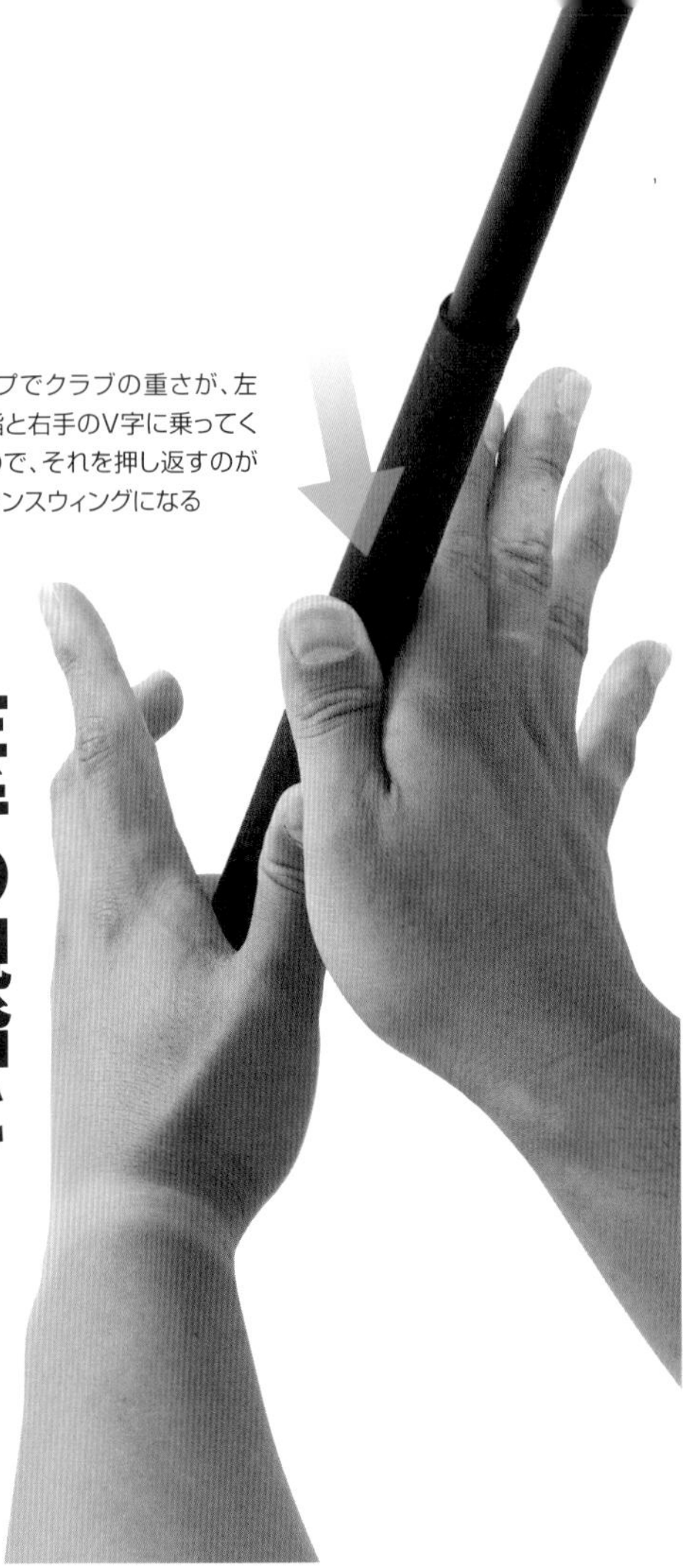

トップでクラブの重さが、左親指と右手のV字に乗ってくるので、それを押し返すのがダウンスウィングになる

バックスウィングの後半からの加速がカギ

切り返しでクラブの重さが左手の親指と右手のV字（62ページ参照）に乗ってくるようにします。重さが乗ってくるとシャフトがしなります。大きくしならせたいので、バックスウィングのスピードが必要となります。

そのしなりが戻る方向に押し返すと、あっという間にインパクトです。思い切り叩くつもりで切り返してください。

スピードを上げてシャフトをしならせる

切り返しに入るスピードを上げればシャフトのしなりが大きくなり、叩く力を大きくできる

かっ飛び! Point

左手の親指の上に右手の親指と人差し指でできるV字を乗せます。このV字の「締まり」がものすごく重要です。

V字の間にシャフトが乗る方向に上げていく

バックスウィングをどう上げればいいかという答えは、グリップをつくったときに決まっている

切り返し
❷

右V字で受け止めることが大事！左手甲の向きは握り方で変わる

左手首の形に決まりはないが右手首は皆同じ

V字でクラブを受け止めようとすると右手首の角度は決まる。左手首の形はそれに合わせる

かっ飛び！Point

V字でクラブの重さを受け止めたときの右手首の角度とフェースの向きをいつも同じにすることが大切です。

ストロンググリップでは低い位置に上がる場合が多い

ストロンググリップの人が、V字で受け止めようとすると、低いトップになりやすい

ウィークグリップで高く上がる場合が多い

ウィークグリップの人は、V字でクラブを受け止めようとするとバックスウィングは高く上がって行きやすい

トップでのフェースの向きを確認しよう

ダスティン・ジョンソンが勝ちまくっていた頃、トップで左手首を手のひら側へ折る形が注目されました。でも、左手の向きはたいして関係ないんです。問題は右手であり、フェースの向きです。

右手の親指と人差し指のV字で受け止めるため、右手首は皆同じように甲側に適度に折れた状態になります。その状態でのフェースの向きを確認してください。基準としては、シャフトに重なる向きになります。これをいつも一定にすること。左手首の形は結果的に決まるだけです。

飛ばしたいなら

飛ばしの
5ポイント
内転筋の
使い方

内転筋を効かす！

叩く力はどこで出すかといえば、当然全身です。足を蹴っているつもりかもしれませんが、皆さんうまく使えていません。太モモの内側の筋肉を使うべきなんです。

内転筋活用のポイント

❶ 太モモの内側を使う

❷ ヒザの動かし方

内転筋の活用❶

下半身でつくったエネルギーを伝えるために内転筋を働かせる

内転筋の動きが、腸腰筋(上半身と下半身をつなぐ筋肉)を通じて、腹直筋につながっていく

内転筋が働き下半身の力を上半身に伝える

かっ飛び! Point

ヒザを内側に向けて折っておくと軸が安定し、足の動きと腰の回転、上半身の動きがうまく連動します。

足の外側の筋肉を使うと軸が安定しない

下半身を使うときに大事なのは上半身と連動させること。そうしなければつくったパワーをインパクトにぶつけられないのですから当然です。

うまく連動させるには、内転筋を使って軸を安定させること。太モモの外側の筋肉を使うと力が逃げやすいんです。やることはごくシンプル。構えるときに伸ばした状態から内側に向けて折るだけです。

Good

モモの内側が緊張するようにヒザを折る

ヒザを伸ばした状態から直接、ヒザを内側に向けて折る。これが正しい構え方

Bad

ヒザを曲げてから内側に入れても内転筋は働かない

いったんヒザをまっすぐ向けて折ったあとで内側に向け直しても、内転筋は働かない

内転筋の活用❷

ヒザが正しく動けば回転量を補い、トップが深くなる

ヒザは骨盤に対してまっすぐのまま

厳密に言えばヒザの正しい向きは骨盤の向きと同じ。腰を回せば、ヒザも同じように回る

飛ばしだけでなくかっこよさも向上する

ヒザを内側に向けて構えると、腰の回転や足の蹴りに応じて、ヒザが自然に動き、上と下の動きをつなげます。バックスウィングでは左ヒザが右に寄っていきますし、ダウンスウィングでは右ヒザが左に寄っていく状態。下半身がスムーズに力を伝える動きができると、見栄え的にもカッコよくなります。決してがに股にはならないんです。

ヒザの動きに合わせてカカトを浮かせてもいい

太モモの内側を使うとトップでは右太モモで、左から来た回転の力を受け止められる。これがインパクトで叩く力になる

左カカトを上げると、トップを深くすることができる。その際、内転筋を使っていれば、力を逃がさず全身の動きをうまく連動させられる

かっ飛び！Point

バックスウィングでは左ヒザが右に、ダウンスウィングでは右ヒザが左に寄るのが正しい動きです。

飛ばしたいなら

飛ばしの
5ポイント
ツマ先
体重

ツマ先体重で立つ！

全身の力を使い切って、インパクトの衝撃を強いものにしたいのなら、ツマ先体重で動くことです。「横乗りスポーツ」の一部の種目を除き、スポーツならば、カカトに体重を乗せることなどあり得ないのです。

アドレスのポイント

❶ ツマ先体重のつくり方
❷ 体幹の使い方

ツマ先体重❶

前につんのめりそうな体勢からヒザを曲げ、ツマ先体重をつくる

「これ以上前に体重を乗せたらつんのめる!」という状態からヒザを折るのが正しいツマ先体重のつくり方

中途半端にツマ先に乗せても十分ではない

ツマ先で立つのは、筋肉で支える状態。カカトで立つのは骨格で支える状態。骨格で支えても動けません。筋肉で支えれば、筋力が使えます。だから、ツマ先で立つんです。

何となくツマ先で立っただけでは、動くとカカト体重に戻ります。これ以上前に行くとつんのめるというギリギリのバランスの状態からヒザを曲げるのが正しい立ち方です。

Good

思い切り前に体重を乗せてから重心を落とす

カカトが地面につくかつかないかという微妙な状態が、アドレスでのベストなツマ先体重

かっ飛び! Point

脳は無意識に、安定する状態に戻そうとします。それを防ぐにはこれ以上ないほど前体重にしてからヒザを折ります。

Bad

ツマ先に乗ったつもりでもカカトに乗ってしまう

拇指球に体重を乗せたつもりでも、スウィングするとカカト体重になってしまうのが普通

ツマ先体重②

体幹の前後を均等に使うと前傾姿勢をキープしやすくなる

Good

胸と背の筋力を活用しつつ腕も長く使える

背中を軽く丸めると、腕が長く使えるので、アークが大きくなる。それを「胸にも力が入った状態」でつくる

かっ飛び! Point

腕立てをする感じで胸に力を入れてから、少し猫背にする。胸が硬いまま背中が少し丸くなる。これがベストです。

前後の筋肉を全部使って飛距離をさらに伸ばす

前傾姿勢が崩れるとスウィングの力が逃げます。前傾姿勢のキープは非常に大切なんですが、何をすればいいかというと、「保とう」と意識するしかないんです。ただし、補助することはできます。それが、アドレスで、前と後ろの筋肉を両方バランスよく使える状態にしておくこと。胸に力を入れて、ちょっと猫背にすればいいんです。

Bad

胸を張ると腕が短くしか使えない

胸を張った状態。胸には力が入るが、背中の力は抜ける。肩が後ろに引けるため、腕が短くしか使えない

Bad

腕は長く使えるが胸の筋肉の力が抜けてしまう

ただの猫背。腕は長く使えるし、背中は緊張する。しかし、胸の筋肉はゆるんでいて使えない

飛ばしたいなら

飛ばしの
5ポイント
ボールを
叩く

ボールを叩け!

ボールを叩く、仕上げの説明は手の動きです。「手を使うな」なんて言う人もいますが、手は動きます。手の力も使います。そうでなきゃ、飛ばせません。ただ、右手と左手の動きは違うんです。身につけてください。

叩くためのポイント

❶ 蝶番のように手首を使う
❷ 左手でクラブを引っ張り戻す

ボールを
叩く
❶

ボールを飛ばしたい方向へクラブを動かす＝叩く

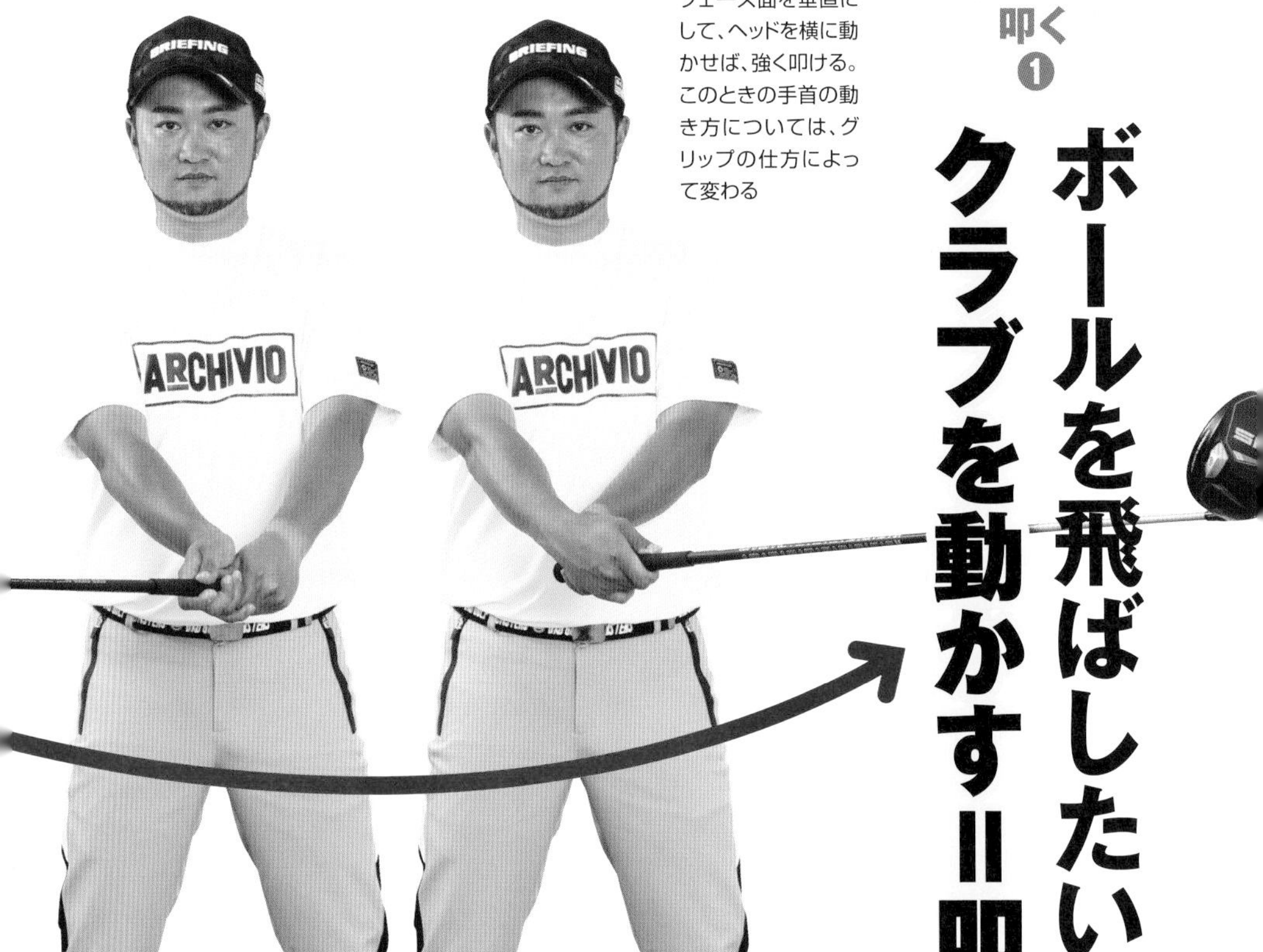

フェース面を垂直にして、ヘッドを横に動かせば、強く叩ける。このときの手首の動き方については、グリップの仕方によって変わる

横に動かすほうがねじるより強く叩ける

構えた身体の向きに対して、ボールは横方向に飛ばしたいわけですよね。だから、ボールを叩く動きも横向きです。どうすれば大きな力で右から左に向かって叩けるか。

フェースを目標に向けて、その向きを変えずに、ヘッドを右から左に動かせばいいのです。そのための手の動かし方は、ねじるのではなく、ヒンジ（蝶番《ちょうつがい》）の動きです。

蝶番《ちょうつがい》のように手首を使うのがいちばん効率的

手首を縦に動かしてもボールを叩けない

手首を親指ー小指方向に動かしても、ボールは叩けない（ただし、超ストロンググリップにすると可能になる）

かっ飛び！Point

フェース面をボールに向けて、横に動かすのがいちばん強く叩ける動かし方なのです。

Bad

フェースを回転させても目標へ向かう力は小さい

腕をねじってシャフトを中心にフェースを回転させるとボールを叩く形になるが、力は弱い

ボールを叩く❷

左手は身体の中心へ引っ張り 右手は外へ「引っ張る」

左手はグリップエンドを引き
右手は手の甲側に折れる

かっ飛び! Point

右手ではボールを叩きます。左手は引っ張る力を使います。両手はまったく違う力の出し方をしているんです。

左はグリップエンドを引き
右は手の甲側に折れる

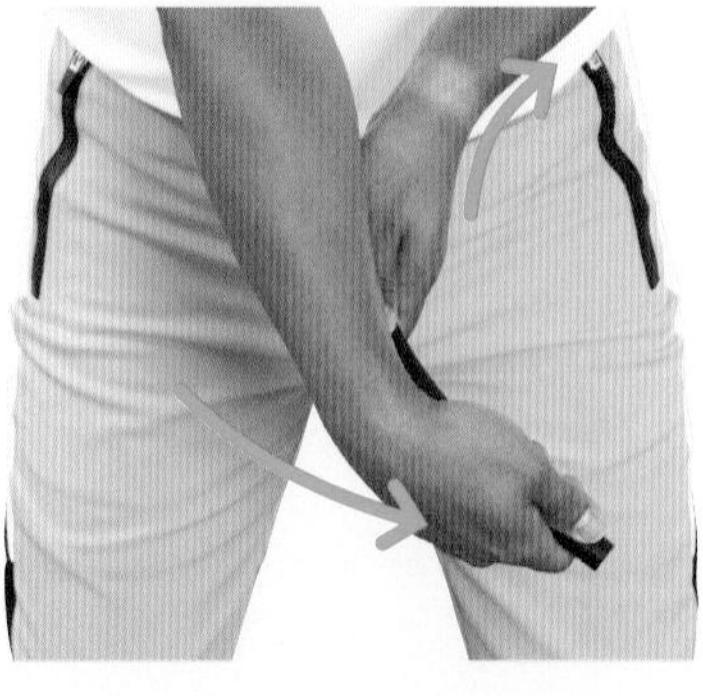

右手は斜め前方向に力を出し続け、左手は引く力を出し続けている

遠心力で離れていこうとするクラブを左手で引っ張り戻す

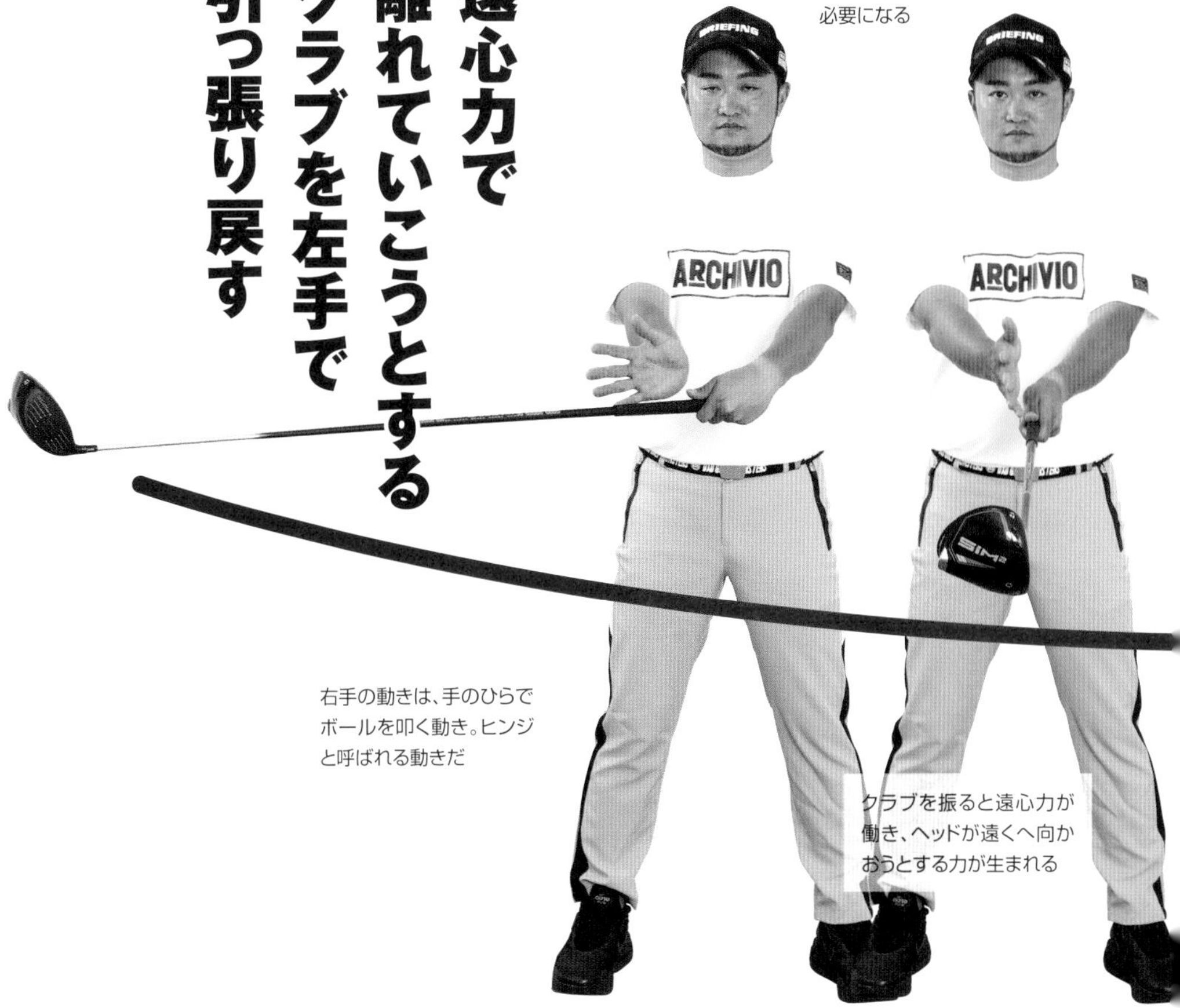

ヘッドに働く力に対抗するように、クラブを引っ張り戻す動作が必要になる

右手の動きは、手のひらでボールを叩く動き。ヒンジと呼ばれる動きだ

クラブを振ると遠心力が働き、ヘッドが遠くへ向かおうとする力が生まれる

左右の手は力の出し方が全然違う

ボールを叩くときに、両手でどのように力を出しているのか。これ、実はアメリカツアーの選手のスウィングを計測したデータがあります。右手では目標方向、かつ（回転の中心に対して）外向きに力を出し続け、左手は身体の中心に向かって引っ張り続けます。

クラブを振れば遠心力が働いて、ヘッドは遠くへ飛んで行きたがっているわけです。その力に対抗して、引っ張り戻さないといけない。プッシュアウトやシャンクが出る人は、その力が弱いんです。

飛ばしたいなら

飛ばしたいなら
やるべき！
浦大輔
おすすめ
トレーニング

叩くために鍛えよ!

ベンチプレスは上がらないし、おなかはポッチャリヤだし、身体は硬い僕です。でも、420ヤード飛ばせます。強い部分もあるんです。それが飛ばしに必要な部分。飛ばすために鍛えてください。

飛ばしのトレーニング

❶ 飛ばしに必要な右手のV字と左右の前腕を強化する

❷ 飛ばしに必要な肋骨下部のひねりを強化する

飛ばしのトレーニング❶

Training

右手のV字と左右の前腕を強化する

クラブの重さをV字で受け止める

×30回

手首を動かさずにV字に負荷を与える

右手の親指と人差し指の間のV字。ここをぴっちり締める力が必要です。右手1本でクラブを持ち、立てておきます。小指側をゆるめてクラブを倒して重さをV字に乗せます。乗ったら、戻す。腕を動かさないように。30回やってください。

マッスル・メトロノーム! シャフトをしならせる ×30秒

手元を止めてヘッドを左右に揺らす

次に、切り返しでクラブの重さを受け止めてシャフトをしならせ、その反動を使うための力をつけましょう。両手でクラブを立てて持ち、手元を動かさないようにしながらヘッドを左右に揺らします。シャフトをしならせていることを感じてください。できる限り速く。30秒。

飛ばしのトレーニング❷

Training

肋骨下部のひねりを強化する

×20往復

肋骨の一番下のラインで体幹をひねってクラブを振る

腰は止めて、胸だけを回しクラブを振る動きにつなぐ

ヒンジの動きと身体の動きをつなぎます。クラブを両手で持ち、腰の前に水平に上げます。腰は動かさず、肋骨の一番下のラインでひねって、胸を左右に向けます。肋骨下をひねる以外は動かさないつもりでやってください。その動きによってシャフトがしなり、手首が動きます。20往復。

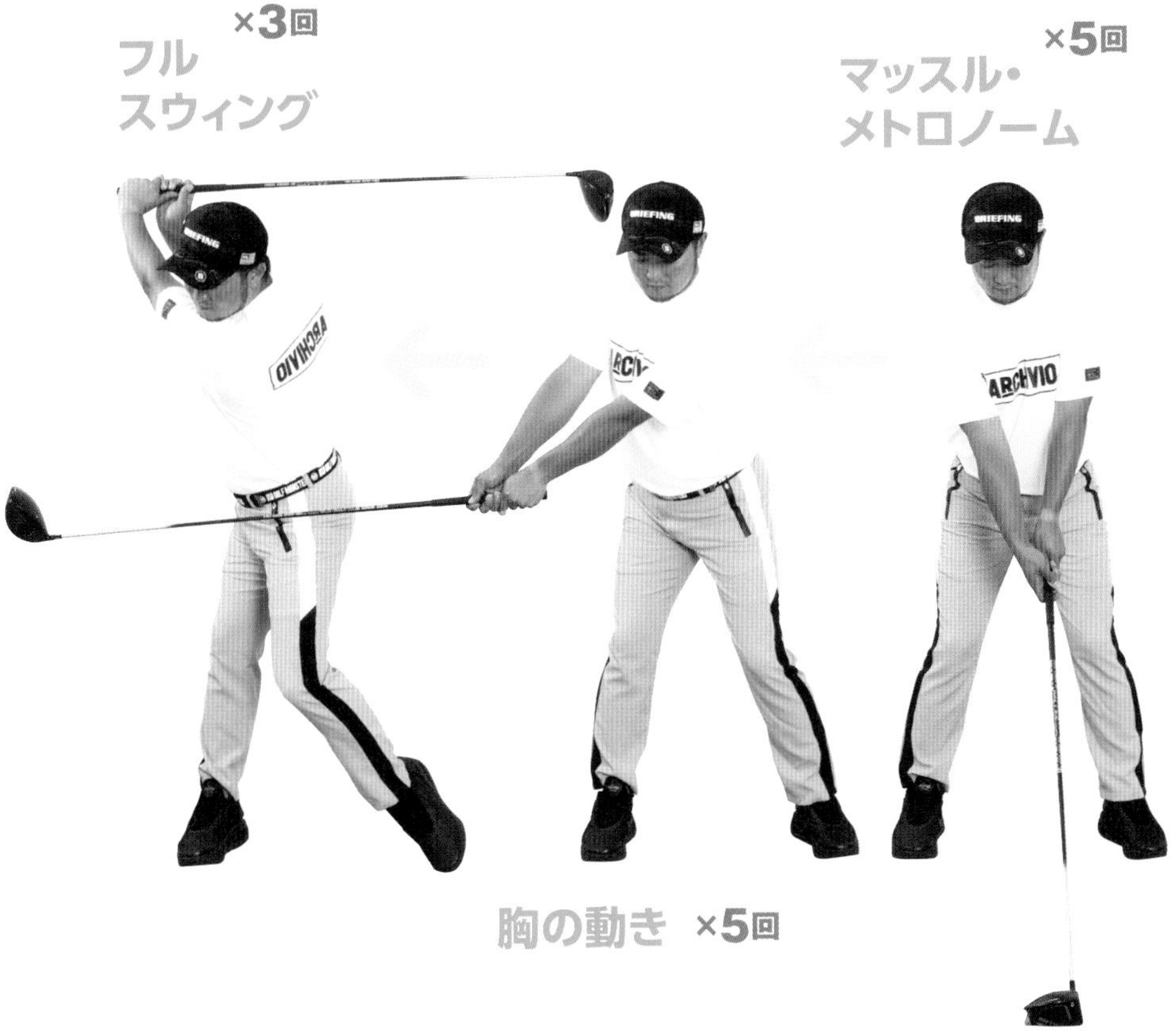

前腕、肋骨下、さらにヒザの動きを加えてフルスウィングを仕上げる

左右に揺すりながら、振り幅を大きくしていく

以上のトレーニングで強化した部分を使った動きをつないでスウィングに当て込んでいきます。アドレスして、下向きにマッスル・メトロノームを5回。胸の動きを5回。そしてヒザの動きを加えてフルスウィングを3回。きついです。これをできる限り毎日。プロテインも飲んで!

COLUMN

スウィングの正体

ゆるみのない最小の完全なスウィング

40ページからの「飛ばしのトレーニング」では、飛ばすための筋力をつけつつ、クラブの動きをつくりだす身体の使い方を説明してきました。

みぞおちから上を動かし、クラブを動かしてつくった慣性を、手の中で受け止め押し返す。それを、そのままインパクトで押す感覚につなげていく。

これら、マッスル・メトロノームと胸の動きに、実は、ヒザの動きを加えるだけで、もうほとんどフルスウィングとなっています。ずいぶんコンパクトなスウィングだと感じるかもしれませんが、ゆるみや遊びのない最小の完全なスウィングです。

マッスル・メトロノーム ＋ みぞおちから上の動き ＋ ヒザの動き ＝ ゴルフスウィング

PART 2

“かっ飛びインパクト”をつくる

飛ばすための意識変革❶

飛ばしたいならクラブを〝振る〟な!
ボールをぶっ叩け!

Good

重要なのはインパクトの衝撃力!

かっ飛び! Point

同じ速さ、同じ打点で打っても、インパクトの衝撃が大きいほうが飛ばせます。だから、叩け!

アドレスでもトップでも意識しているのは「強いインパクト」

インパクト
トップもインパクトで強く叩くことを考える。形は結果的につくられる

アドレス
叩くことを意識すれば、自然とアドレスも叩くために体勢がつくられる

飛ばしに必要な3つの条件

1. **ヘッドスピード**
2. **打点**
3. **インパクトの衝撃**

インパクトで力を使い切ることが大事

飛ばしに必要な条件をご存じですか？「ボール初速、打ち出し角、バックスピン量」は、スウィングではなく、ボールの条件。スウィングについて言えば、「ヘッドスピード、ミート率（打点）、インパクトの衝撃」です。

時速100㎞で発泡スチロールの箱とトラックがぶつかってきたとき、どっちがぶっ飛びますか？当然後者です。衝撃が大きければボールも飛ぶのです。そのためにはボールを叩く！フォローで加速するより、インパクトにいかに力を出しきるか、です。

飛ばすための
意識変革❷

〝フォローで加速〟しても そこにボールはありません！

かっ飛び！
Point

身体の左で風切り音を出しても、球を打つのはその手前。そこで大きな力を伝えなければ意味がないのです。

“振ること”を考えた弊害

身体が開く

フォローに向けてクラブを振ることばかり考えているとダウンスウィングで身体が開いて力が逃げ、叩けない

力が逃げる

振る意識が強いと、インパクトで手が左に流れて強く叩けなくなる

身体が起き上がる

フォローで上体が起き上がるのも振るイメージが強すぎるのが原因

「振る」を重視しても力が逃げれば飛ばない

飛ばすためには「フォローを加速させろ」という指導もありますが、インパクトの後で加速しても、ボールに影響を与えることはできません。同じように「インパクトを意識せず、スウィングすることが大切」とも言われますが、これも弊害があります。振ることばかりを考えると、身体が開いたり上体が起き上がったりしがちで、力が逃げてしまいます。スムーズに振り切るスウィングは一見うまそうですが、インパクトの衝撃が小さければ、飛距離は出ません。それよりも、叩くことです。

飛ばすための意識変革③

切り返しの直後に思い切り叩きにいく

切り返しで力を出してやっとインパクトで力を出し切れる

全身で最大限に力んでパワーを出す

インパクトで強くボールをヒットするにはどうすればいいか。インパクトに合わせて力むのでは遅すぎます。遠心力や重力が作用しますし、人間の反応速度の面でも、間に合わないんです。

高く短い風切り音を身体の右側で出す

インパクトで強く叩くために切り返しの直後から腕の力を振り絞る

かっ飛び！ Point

強く叩くことを意識して動いてくれば切り返しで自然と一気に力を出し始めます。力まなければ叩けません。

では、どこで力を出すかといえば、切り返しの直後。ここで最大限、力むからこそインパクトでパワーを使い切れます。腕の力だけでなく、全身の力を使い切るほど最大に使って振り下ろします。

「力まずに振れ」という指導も耳にしますが、クラブを手で持って振り回すゴルフで、力を使わずに強く叩くなんて不可能。とにかくまずは腕力を最大に使ってください。もちろん、グリップも思い切り強く握って振ってOK。

クラブを振って鳴る風切り音は、身体の右側で出すように。高く短い音が鳴るように思い切り切り返しから振り始めてください。

飛ばすための
意識変革④

しならせたシャフトの反発で衝撃を大きくする

シャフトをしならせる方向に力を出す

シャフトのしなりが、力を出す方向を教えてくれると同時に、叩くパワーを増してくれる

切り返しの前から加速してしならせる

切り返しで腕の力を使うポイントは、シャフトをしならせる方向にパワーを出すことです。やわらかいシャフトのクラブなどを使ってみるとわかりやすくなると思います。

切り返しで最大の力を発揮するには、実はバックスウィングの速度がすごく大事になってきます。バックスウィングの後半、クラブが地面と

大きくしならせれば力の出し方がわかる

遠くに運んでからヘッドを一気に加速

前半はヘッドを遠くに上げていき、クラブが水平になったらスピードアップする

シャフトをしならせた方向に力を出して切り返せばいいので、力を出す迷いがなくなる

かっ飛び! Point

シャフトのしなりが、力を出す方向を教えてくれると同時に、叩くパワーを増してくれます。

平行な位置より上に来たら、思い切り加速させて最速で切り返しに突入してください。ここでスピードを出せば出すほど切り返し直後の「力みポイント」で出せるパワーが圧倒的にアップします。

思い切り加速させて切り返しに入ると、シャフトがしなります。そのしなりがさらに増す方向に力を出してダウンスウィングを始めればいいのです。

大事なのはとにかく上半身と腕のパワー。みなさんが従来聞いてきた飛ばしの常識からは大きく外れるかもしれませんが、これが飛ばしの真実なんです。

飛ばしのドリル

Drill

「本当かよ?」と思った人は今すぐ浦ドリルを試してみよ!

STEP 1

ベタ足ショット

力を入れても実は大丈夫だと確かめよう

叩き方を覚えるには、ベタ足スウィングがおすすめです。右のカカトを浮かさずベタ足をキープし、腕を思い切り振ってボールをぶっ叩いてください。バチンと叩いて左に出て左に曲がる球が出ればOKです。力んでもしっかりボールを打てることを確認してください。曲がりは後で修正できます。

ベタ足と言ってもカカト体重はNG。靴の中でツマ先側に加重しつつ、靴のカカトが浮かないくらいを意識。下半身が動きすぎなければ腕を思い切り使ってもしっかり当てられる

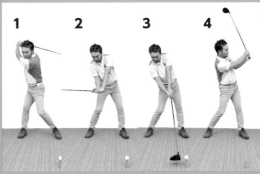

STEP 2

「右足の蹴り」を追加

もっと強く叩ける手応えを得ておこう

ベタ足ショットの動きに、右足の蹴りを加えます。切り返しの直後、クラブがまだトップの位置にあるタイミングで、右のカカトを浮かせてください。この動きによって身体の回転を促します。そして、思い切り叩く。狙った方向に、狙った弾道で飛ばせるよう、足の使い方、腕の振り方、力の出し方を調整していきます。

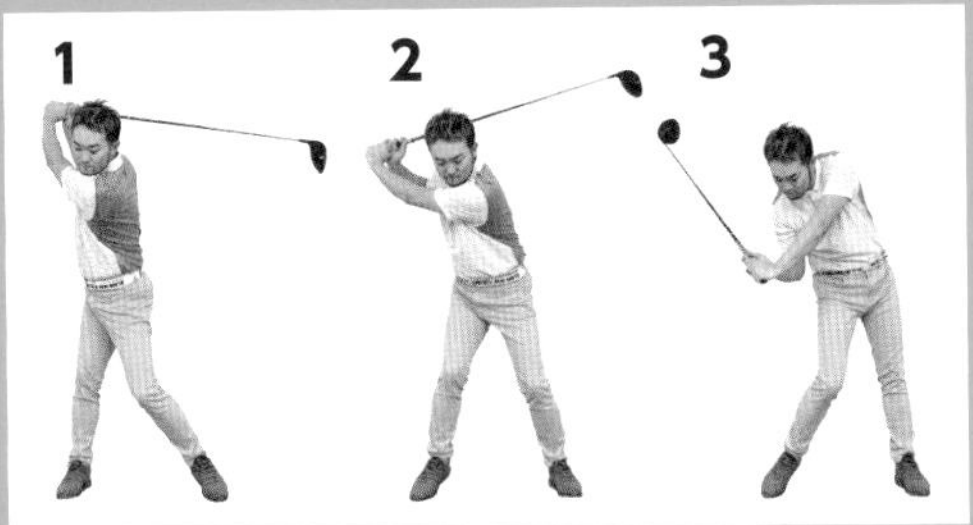

右足の蹴りを加えると腰が回転し、インパクトでは腰が正面より左を向く。それによってインパクトゾーンでのヘッドの動きが、ラインに乗るようになる

目からウロコのグリップ❶

飛ばしたいなら“フィンガー”で“強く”握れ

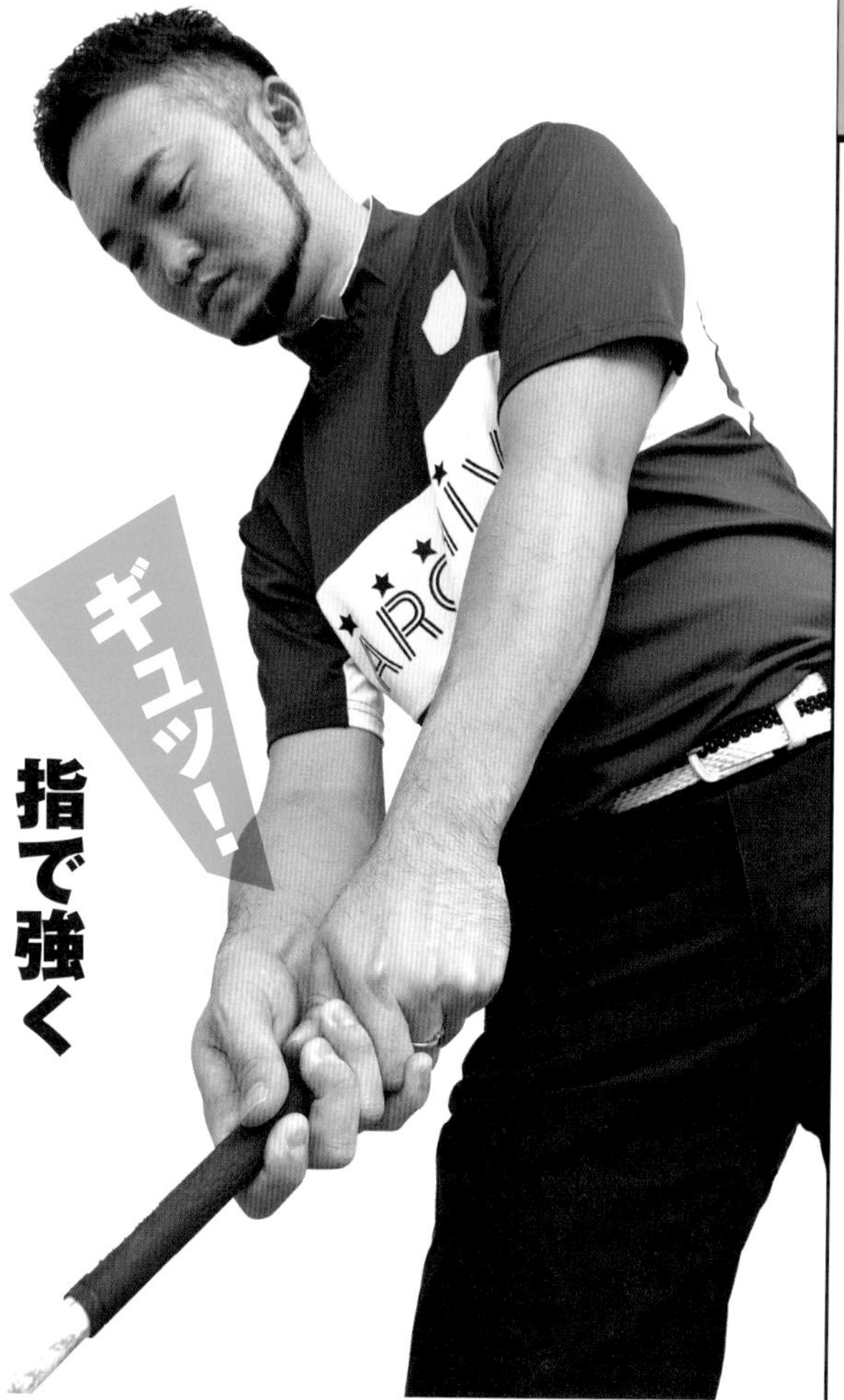

指で強く握るのがポイント

強く叩くためには強く握ることが大事

それではここから、強く叩く方法を説明していきます。まずはグリップ。「ボールを強く叩く」ためには、衝撃に耐えうるグリップをつくることが不可欠なポイントです。

ですから、グリップは強く握ってください。野球のバットでもハンマーでもいいですが、ものを速く振ろうとか強く叩こうとしたときには、手

インパクトの衝撃に耐えられる力で握ろう！

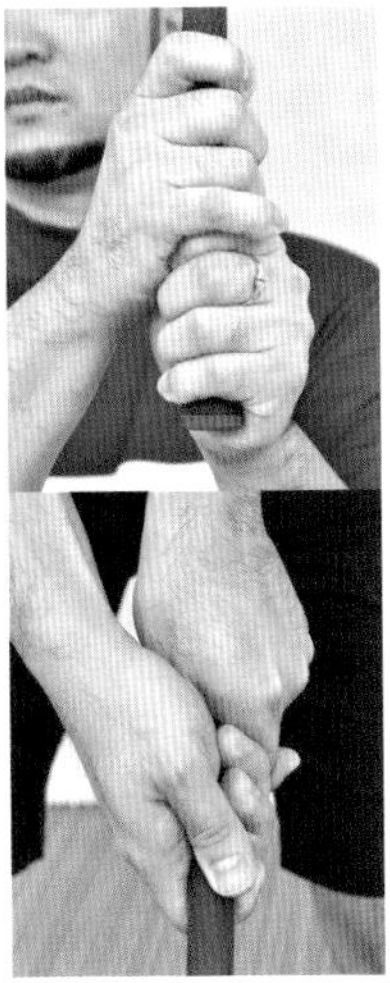

強く叩けば衝撃力は大きくなる。と同時に手に戻ってくる衝撃も大きい。それに耐えられるグリップをつくらなければならない

かっ飛び! Point

指で握るほうが手のひらで握るより力が強くなり、クラブが安定します。そうでないと思いきり叩けません。

にしっかり力が入るはずです。そのほうが速く振りやすいし、強く叩きやすいから。ゴルフだって当然、同じです。

そして、強く叩くためには、グリップを指主体のフィンガーグリップで握ることが必要です。指で握るほうが、強く握れて、クラブをしっかりコントロールし、力を逃がさず叩けるからです。

目からウロコのグリップ②

左手は4本の指先と親指の力で両側から拮抗

人差し指からの4本の付け根でつかむ

では、飛ばすためのグリップのつくり方を説明しましょう。まず左手は、人差し指から小指の4本の指で握ります。指の付け根付近でグリップする感覚です。

親指がグリップから離れた位置にあるため、親指は上から腹をグリップにあてがう形になります。4本指側と親指とで、反対方向から拮抗してグリッ

ショートサムのフィンガーグリップ

かっ飛び！Point

手のひらとグリップの間にはすき間ができますが、この空間を軽くつぶす程度で左グリップは完成です。

親指の付け根から遠い位置で握る

飛ばすときのグリップ

飛ばすときは衝撃力が大きくなるため、強い力で固定するため指で握る

手のひらで握ると力は弱くなる

飛ばさないときのグリップ

手のひらで握ると力が弱まる。飛距離が必要ないときは手のひらで握る

プを固定する感覚です。

手のひらにはすき間がありますが、その空間を少し「つぶす」ようにしてグリップを完成させます。親指が短く見える、いわゆるショートサムのグリップになります。

手のひらがグリップに密着しない点について、「頼りない」と言う人がいますが、野球のボールを投げるとき、手のひらはボールから浮いているはず。すき間は気にせず、指先でグリップをしっかり握ることを優先してください。

逆に、手のひらを使って握るのは、飛距離が必要ないときのグリップです。つまり全番手、同じように握っているわけではないのです。

目からウロコのグリップ③

右手は〝V字〟を締めて指先でつまむように

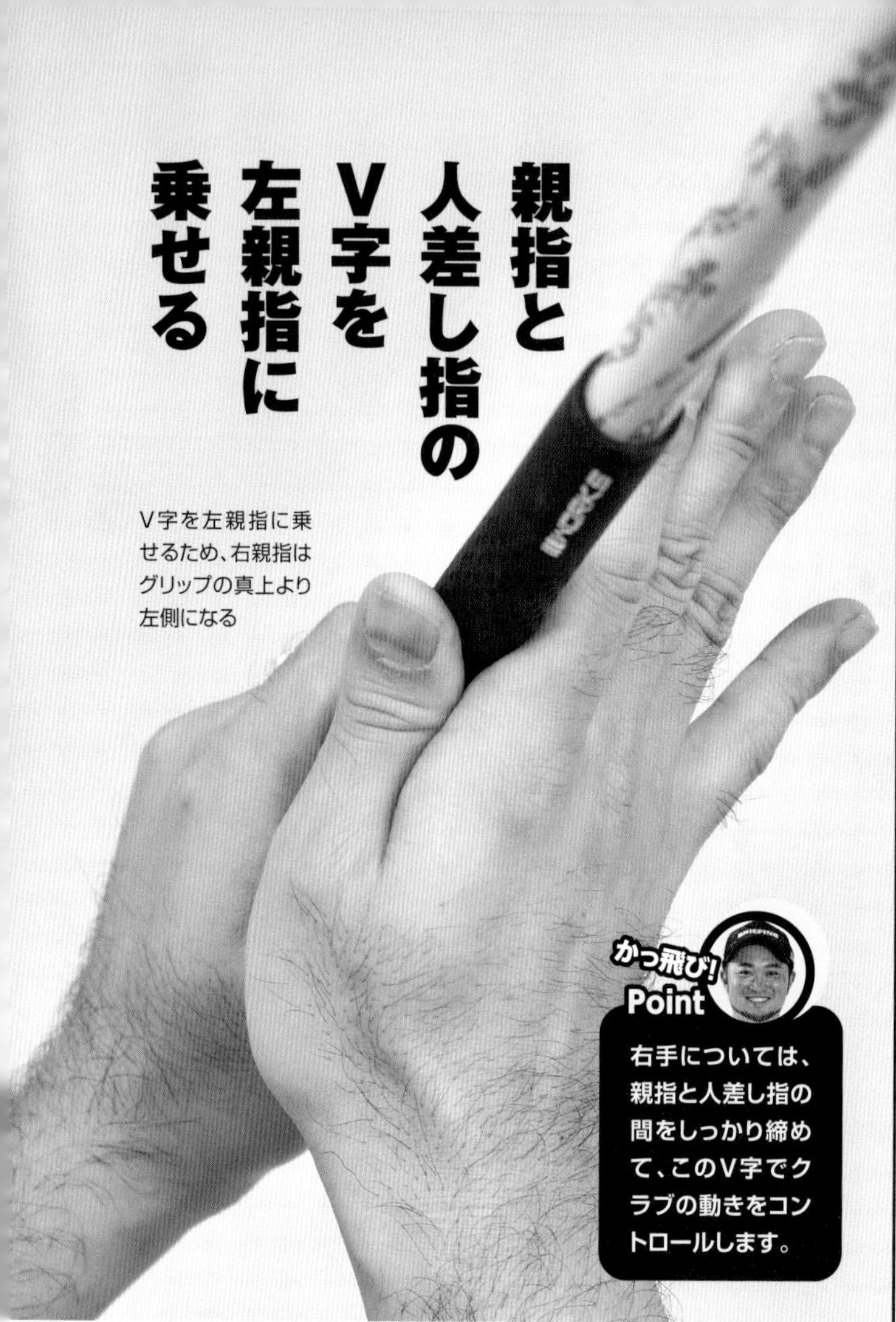

親指と人差し指のV字を左親指に乗せる

V字を左親指に乗せるため、右親指はグリップの真上より左側になる

かっ飛び！Point

右手については、親指と人差し指の間をしっかり締めて、このV字でクラブの動きをコントロールします。

シャフトを押し返したり押し込むのが右手の役割

右手は、親指と人差し指の間をぴっちりと締めたときにできる「V字」がとにかく重要です。

このV字を左手親指の上にあてがってください。切り返しの際にクラブの重さを、左手親指とこのV字で受け止め、押し返します。インパクト付近でもこの2本でクラブを押し込みます。

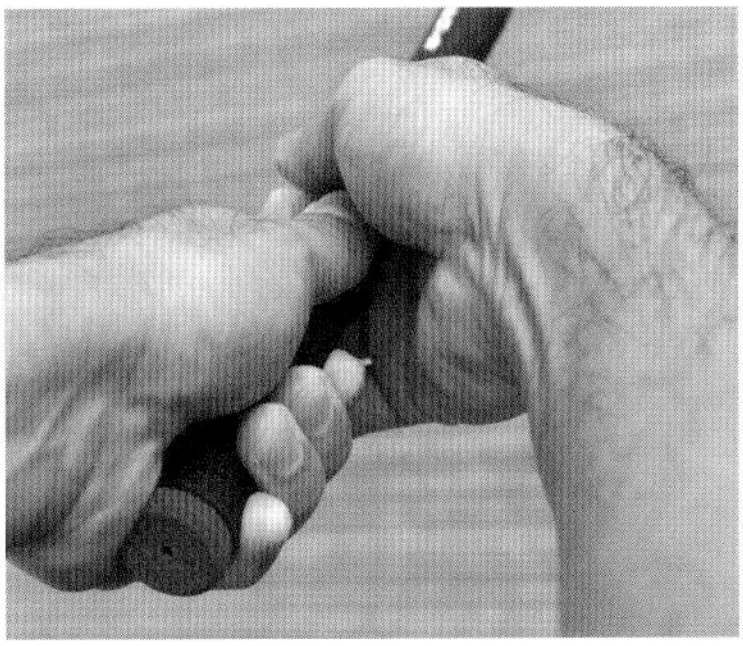

インパクトではV字で押し込むことが重要。右手のひらはグリップから浮いていてもOK

右手のV字さえ締めておけばクラブは振れる

切り返しでクラブを受け止めるのが、左手親指と右手のV字。V字は開かなければ、それだけで打てる

逆に言えば、そうなるような手の向きでグリップをつくることが前提となってくるわけです。

クラブの重さが乗ってきたときに、このV字が開いてしまわないように、きっちり締める力をつけることも大切です。そのトレーニングは、42ページで紹介しています。

このV字がきっちり締まっていれば、それだけでボールは打てます。ですから、このV字以外の右手については、実際どうでもいいといえます。

グリップは、通常「握る」と言われますが、それよりも「つかむ」とか「つねる」のほうがニュアンス的には正解なんです。

かっ飛びをつくる
アドレス❶

ボールを飛ばす方向に力を出せる構えをつくる

飛ばしの3鉄則！「右下がり×尻高×胸正面」を確認しよう

かっ飛び！Point

飛ばすことが目的なのでスタンスは広め。目線は斜め上、つまりアッパーブローで打ち出す方向に向けます。

飛ばせるアドレス3つの鉄則

1 右下がりの形で立つ

右手が左手より下にグリップするため、肩も右が左より低くなる

2 お尻が高い構えをつくる

お尻を持ち上げて股関節から前傾し、ふところに空間をつくる

3 胸をボールに正対させない

胸を正面に向け、肩、腰のラインをスクエアにして構える

飛ばすには右下がりで構える

アドレスで考えることは、ボールを目標方向へ飛ばすために、どう力を伝えるかということ。そのための身体のポジションをつくります。

まず、ドライバーはアッパーブローで打つので、左肩より右肩を低く。スタンスは広く。そして、骨盤から前傾したお尻の高い構えをつくります。ツマ先立ちになってからカカトをそっと地面につけるように構えをつくりましょう。

胸をボールに正対させると左を向きやすくなります。ボールが胸の正面より左になるように構えてください。

かっ飛びをつくる
アドレス②

構えを止めたら飛ばせない！ワッグルこそがアドレスだ

かっ飛び！Point

ワッグルでのクラブの動きが、そのままスウィング軌道になっていきます。飛ばしたいときは低く、遠くへ。

アプローチは手首だけ

アプローチでは手首だけで動かすのでヘッドの動きは小さい

Good

ワッグルのアークがスウィングアークを決める

飛ばせるワッグル2つの鉄則

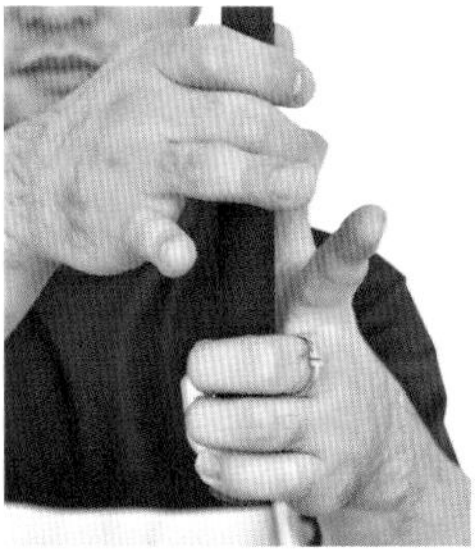

1 指先を使う

左小指側を支点に、右手の親指と人差し指でクラブを動かす

2 足踏みをする

足踏みをして下半身がいつでも動き出せる状態にする

アドレスは静止した状態ではない

アドレスはワッグルまで含めた動きのあるものだと考えることがとても重要です。とくに、ワッグルでのクラブヘッドの動きは、スウィングアークの大きさを決定する、飛ばしの重要なファクターです。飛ばしたいなら、大きな円弧をイメージできるワッグルを心がけてください。

ワッグルの仕方は人それぞれですが、足踏みをして、その動きに手を連動させる動作が基本です。そして、指先を使ってクラブを動かし、実際のスウィングの始動の動きをリハーサルします。

いったん止まってしまうと、始動の動きに乱れが出やすい

Bad

止まってしまったらスムーズに動けない

かっ飛びをつくる
アドレス③

〝腹筋〟が締まった構えを習慣づけよう!!

みぞおちを押して押し戻される感じ

かっ飛び! Point

みぞおちを押した指を押し戻すイメージで腹筋を締めます。この確認作業はルーティンにお勧めです。

Bad
腹筋がゆるむと
お尻が落ちる
Good
お腹を締めて
前傾をキープ

お腹を締めて構えると姿勢の崩れを防げる。お尻の位置も高い！

腹筋が抜けていると、お尻が落ち、前傾姿勢も崩れやすくなる

腹筋がゆるむと姿勢が崩れる

飛ばすためには腹筋や背筋を使うことも重要です。前傾してスウィングするゴルフの場合、背筋を意識しやすい一方、腹筋が「抜け」やすいので、アドレスでしっかりと腹筋を「締めた」状態をつくっておきましょう。腹筋が抜けているとパワーが出せないだけでなく、お尻が落ちたり、前傾が崩れるなど姿勢が崩れ、スウィング全体が乱れます。

お腹をへこませるようなイメージで締めます。指でみぞおちを押し、腹筋でそれが押し戻されるような感じをキープしてください。

〝スウェー〟は飛ばしには必要な動作だ!!

Good

正しくスウェーして戻ってくることが大事

右ヒザから下が垂直になるところまでの体重移動は飛ばしには必須

バックスウィングでは上半身が平行移動する

バックスウィングにおいて、多くの人がスウェーは避けるべきだと考えていますが、本来、飛ばすためには必須の動きです。

ただ単に右へ動けばいいと言うわけではありません。正しいスウェー（スライド）は、バックスウィングで、右方向へ平行移動する動きです。

動いた位置からダウンス

かっ飛び! Point

バックスウィングで右方向へ平行移動する動きは、飛ばすエネルギーを大きくする必須の要素です!

Bad

スウェーを嫌がると軸の傾きが変わったり回転不足になる

頭を固定しようとすると、軸の傾きが変わり回転も不十分となる

目の高さを変えない

上体の右傾斜を変えずに平行移動。目の高さはずっと変わらない

ウィングで左に戻ってこられることが絶対条件です。それを考えると、移動の量は最大で右足のヒザ下が地面と垂直になるところまで。これ以上右に移動すると戻れなくなります。

もう一つ大切なことは、目の高さが変わらないこと。体軸の傾きを変えずに、平行移動する感覚です。

ヘッドはまっすぐ動かし
アークを大きくする

ヘッドを低く
長く引いていく

身体が右にスライドすることで、スウィングアークが大きくなる

ヘッドが動く円弧を大きくして飛ばす

ドライバーのバックスウィングでは、身体の平行移動に伴って、ヘッドを低く長く遠くへ上げていきます。それによって、スウィングアークが大きくなるので、飛距離を伸ばせるのです。体重移動しない場合に比べて、移動したぶんだけアークを「一枠」広げる感覚。長尺クラブを使うのと同じ効果が得られます。

アークが一枠広がる

右に平行移動する際、左ヒザは右に寄せる。カカトを上げれば回転を補うことにもなる

かっ飛び! Point

バックスウィングで右にスライドする動きは、アークを大きくすることで飛距離アップにつながります。

Bad
右に乗る意識だとお尻が下がる

「右に乗る」意識を持つと、お尻が下がり、カカトに乗ってしまう

Good
左ヒザを右に寄せる意識

右に体重移動する際、左足を右に寄せるイメージを持つ

“腰より上”に上がったらスピードUP!

“助走”を速くすれば切り返しの反動も大きく飛ばしに有利になる

かっ飛び! Point

始動はアークを大きくするため、ゆっくりでOK。でも、手が腰の高さに来たら一気に最速で上げていきます。

右手のV字で受け止める向きで、最速で上げて、クラブをしならせる

左親指と右手のV字で受け止めた反動でヘッドが加速する

切り返しでクラブの重さをV字で受け止める（右）と、その重さを押し返す方向もわかってくる

強い握りで制御しながら反動で下ろし始める

バックスウィングを始めたら、手が腰より上に上がったタイミングで、動きをスピードアップさせます。バックスウィングはスウィングの助走。助走スピードが速ければ速いほど、回転量は増え、トップは深くなります。シャフトはしなり、切り返しの反動も大きくなり、ダウンスウィングのエネルギーが大きくなって飛ばしに有利になります。

上げる際に加速するほど、クラブの重さの負荷がかかります。そこで動きに変なブレを生まないために「強いグリップ」が必要なのです。

しっかり叩く
ためのトップ

「インパクトのエネルギーをいかに大きくするか」が大事

「しっかり叩く」ことを意識すれば動きはつくられる

ボールを強く叩くためにはどのように動いて力を出すかを考えよう

かっ飛び! Point

トップなどの形は、インパクトのエネルギーを大きくすることを意識すると、結果としてできあがるものです。

トップやダウンスウィングを「形」でつくっても飛ばない

理想の形をなぞってつくろうとするのは、努力の方向として間違っている

スウィングの形はつくるべきではない

ここまでバックスウィングまでの話をしてきました。次はトップ・オブ・スウィングですが、これについては「形としてつくるべきではない」という考えです。だから形として、手の位置がどうとか、そういう説明はありません。

実を言うとダウンスウィングも同じで、形として考えないでほしいのです。大事なのは、いかにインパクトのエネルギーを大きくするか。それを考えて動きをつくっていくことが大事であり、形はその結果に過ぎないということを理解してください。

叩くダウンスウィング❶

ダウンスウィングは右足の〝ヒザ蹴り〟から！

右カカトを浮かす動きがダウンスウィングの初動

切り返しでは、まず最初に「右足を蹴る」。ダウンスウィングはこの動作から始めることがカギです。

具体的にどんな「蹴り」かというと、「ヒザ蹴り」です。右足のカカトを上げることで、右ヒザが前に出る動き。それによって、身体の右サイドが縮まってエネルギーがつくられるのです。

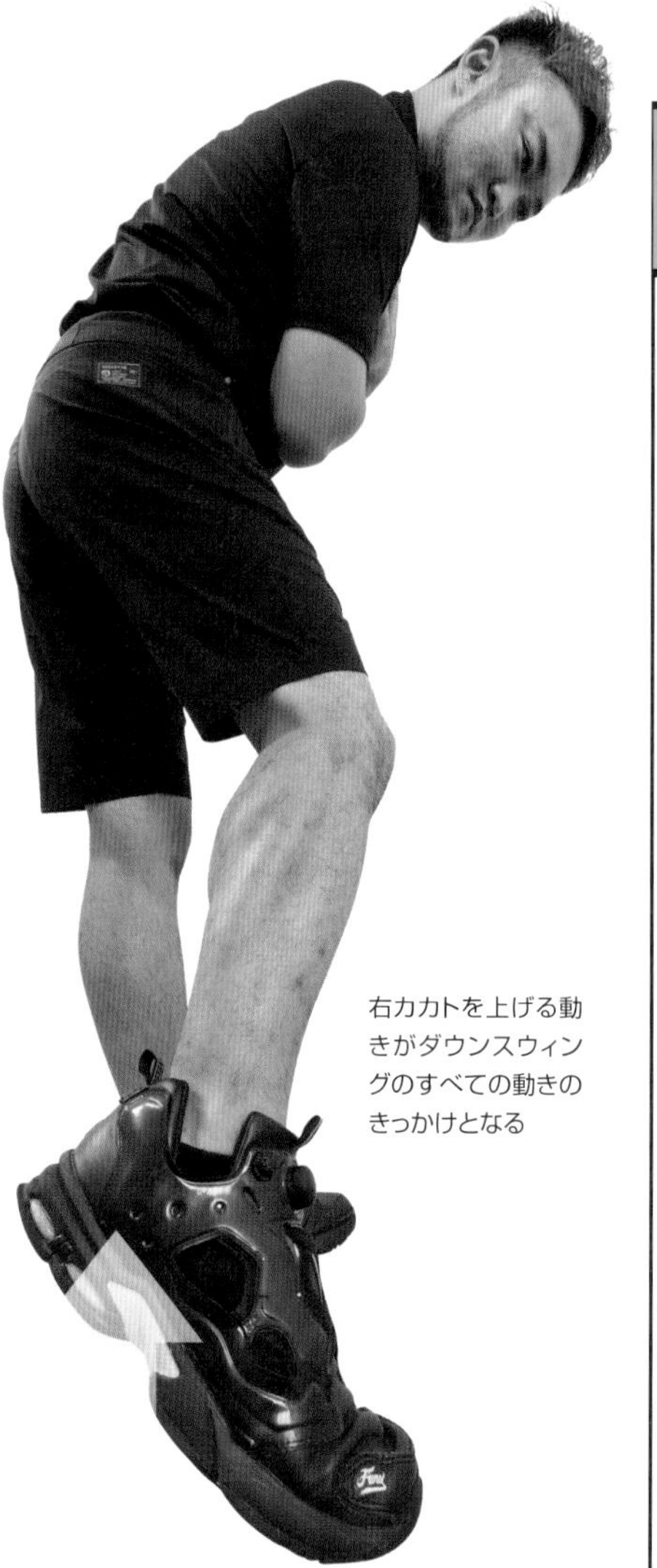

右カカトを上げる動きがダウンスウィングのすべての動きのきっかけとなる

右カカトを上げて右ヒザを曲げ、前に突き出す

かっ飛び！Point

ダウンスウィングは右カカトを上げ、ヒザ蹴りをするように右ヒザを前に出す動きから始めることが大切です。

Good

右カカトはツマ先より外に出ないが正解!

右カカトを上げる際、カカトをツマ先より外に出ないようにする

Bad

右ヒザを外に向けてはいけない

右ヒザが外に向くのはNG。右ヒザは正面に突き出すことが大切

叩くダウンスウィング②

胸の高さは変えずに右ワキ腹を縮める！

Good

下半身は下から上
上半身は上から下に
力を出す

右足を蹴ることで上半身の軸が左に傾くと、パワーロスにつながる

かっ飛び！Point

右カカトを上げながら右肩を少し下げ、胸の中心部分の高さを変えないようにすること。大きな力で叩くために必須です。

カカトを上げながら右肩を少し下げる

ダウンスウィングの最初の動きとして右足でヒザ蹴りをする際、もう一つ大切なことがあります。それは、身体の軸の傾きを変えないこと。右足で地面を蹴った結果、軸が左に倒れるようでは、力が逃げてしまいます。

これを防ぐため、胸の中心部の高さが変わらないように注意してください。具体的な

右太モモの筋肉、硬くなっていますか?

右足を蹴る動作は右太モモの筋肉を使う。右太モモの筋肉が硬くなっているか確かめよう

Bad 胸が浮き、左に傾くとパワーロスになる

動きとしては、右肩を少し下げつつ、右足のツマ先をギュッと踏んで右カカトを浮かせます。下半身では上から下へ上へ、上半身では上から下へと力を出し、両方の力を逃がさずインパクトへ向けていくわけです。

右肩を下げながら右カカトを上げれば、身体の右サイドが縮まった形になることもポイントです。

また、右足を蹴る動作は、右太モモの筋肉を使うことが大事です。

右足を蹴った状態で、右足の太モモの筋肉が硬くなっているかチェックしてみてください。

叩くダウンスウィング③

飛ばすためには身体を開いてインパクト!

かっ飛び! Point

ハーフウェイダウンのタイミングですでに肩のラインはターゲットよりも左を向くのが正しい動きです。

Good

ハーフウェイダウンで身体は開いている!

トップから半分下ろしたタイミング(ハーフウェイダウン)で、すでに肩のラインはターゲットの左を指す

身体を開くから振り遅れるわけじゃない

「ダウンスウィングで身体が開いてはいけない」と思っているアマチュアがとても多いのですが、プロのスウィング写真を見てください。インパクトで必ず肩はターゲットよりも左を向いていますし、腰は開いています。身体を早く開くと振り遅れそうという人がいますが、それは大きな勘違いです。

Bad
身体を開かないで打つと引っかかる

身体の開きを抑えて腕を正しく振ると、ショットは引っかけになってしまう

Bad
身体を正面に向けると手打ちになる

身体の正面で球をとらえようとすると、回転と切り離して手を振るしかない

Good
インパクトでは身体が開く

身体の回転でクラブを振るなら、インパクトで身体が開くのが自然

叩くダウンスウィング④

身体を開いたうえで〝右に〟打ち出す

身体は左に向けて腕は右に振る

身体のラインに対して、右方向へ打つイメージで腕の動きをつくる

かっ飛び! Point

身体はターゲットの左を向いているので、身体のラインよりも右に打つことで、まっすぐ打ち出せます。

インパクトで身体を正面に向ける必要はない。開いていいと意識を変えよう

右方向へ打つイメージがあって初めてボールはまっすぐ飛ぶ

ボールを右方向に打つ動きであることが大事

切り返した後、ダウンスウィングで重要なのは「振る方向」です。まず、絶対的なポイントとして「振る方向」は右方向。ターゲットよりも右です。「振る方向」と言いましたが、実際には「右に振る」感覚では不十分で、「ボールを右方向に打つ」動きであることが大事なんです。

なぜなら、インパクトでは身体が大きく左に回って、肩のラインはターゲットよりも左を向いているから。右方向に打つイメージがあって初めて球はまっすぐに飛ぶことを理解してください。

叩くためのドリル

Drill

「右に打つ」動きを3段階で身につけよ

※この3ステップドリルは、ウエッジなどの短いクラブを使い、
小さな振り幅で行なってください

STEP 1

手だけで右に打ち出す

身体に対して手を右に振る

身体は左に向けて、ボールを右に打つ。この動きを身につけるには、まず腕の振りを覚えて、それから身体の方向を調整する順序で取り組む。まずはターゲットにスクエアに立ち、下半身を止め、腕の動きだけで打つ。ターゲットラインに対し30〜45度ほど右に打ち出せば合格。

STEP 2

左を向いてまっすぐ打つ

STEP1と同じ動きで目標方向へ打つ

スタンスをターゲットラインに対して、30〜45度左に向けて（開いて）立ち、STEP1と同じ動きをする。これで打球は、ターゲット方向に飛び出すはず。

STEP 3

身体を開いてまっすぐ打つ

フットワークと腕振りを組み合わせる

スクエアに立ち、STEP1同様に腕を振りつつ、下半身を使う。インパクトまでに腰と肩を、ターゲットラインに対して30〜45度開いて、まっすぐ飛ばす。

飛ばしのインパクト

打点を操作する練習は絶対に必要です！

どこに当てるか操作できなきゃ芯で打てない

かっ飛び！Point

打点をコントロールする技術を身につけましょう。そして、いちばん飛ぶ打点を探してください。

「トゥに外したら次はヒールで」これが意識できなきゃダメ！

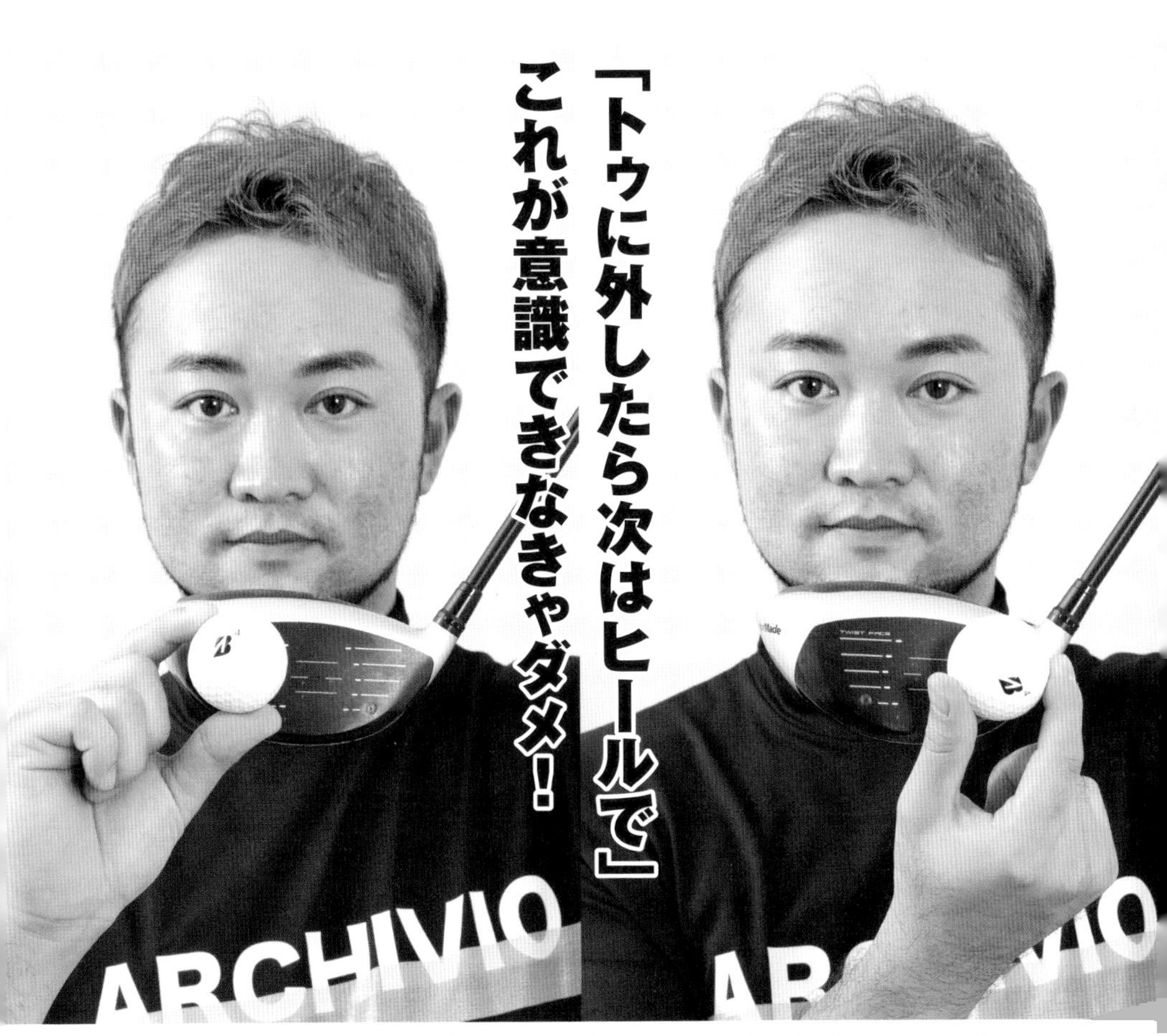

ヒールに当たったら次はトゥ寄り、下目に当たったら次は上目など、意識して打点を操作できるようにする。「いまの感じだとこのくらいヒール寄り」などと感知できるようになろう

感圧シールを貼って普段から練習しよう

フェース面のどこでボールをとらえるかということが、飛距離アップに直接つながります。この、打点の管理には特別なアプローチが必要です。具体的には、打点をコントロールするための専用の練習をし、打点を調節する技術を身につけることが必要です。

フェース面に貼って打痕を残す感圧シートを使って、打点をチェックしてください。ズレていたら試行錯誤します。意識して打点を操作する感覚を普段から磨くことでしか、飛ばしのための打点の最適化はできません。

飛ばしのフィニッシュ

「アフターショット・ルーティン」がない人は上達しない！

かっ飛び！Point

アフターショット・ルーティンで、経験を「次」に活かせます。おすすめの動作を左ページで紹介しておきます。

クルクルクルッとクラブを回して左腰に収める

ナイスかミスかで「決めポーズ」を変える

ミスだったときは右手をゆるめてシャフトを滑らせ、ヘッドを持つ所作でキメよう。ミスしたときもカッコよく

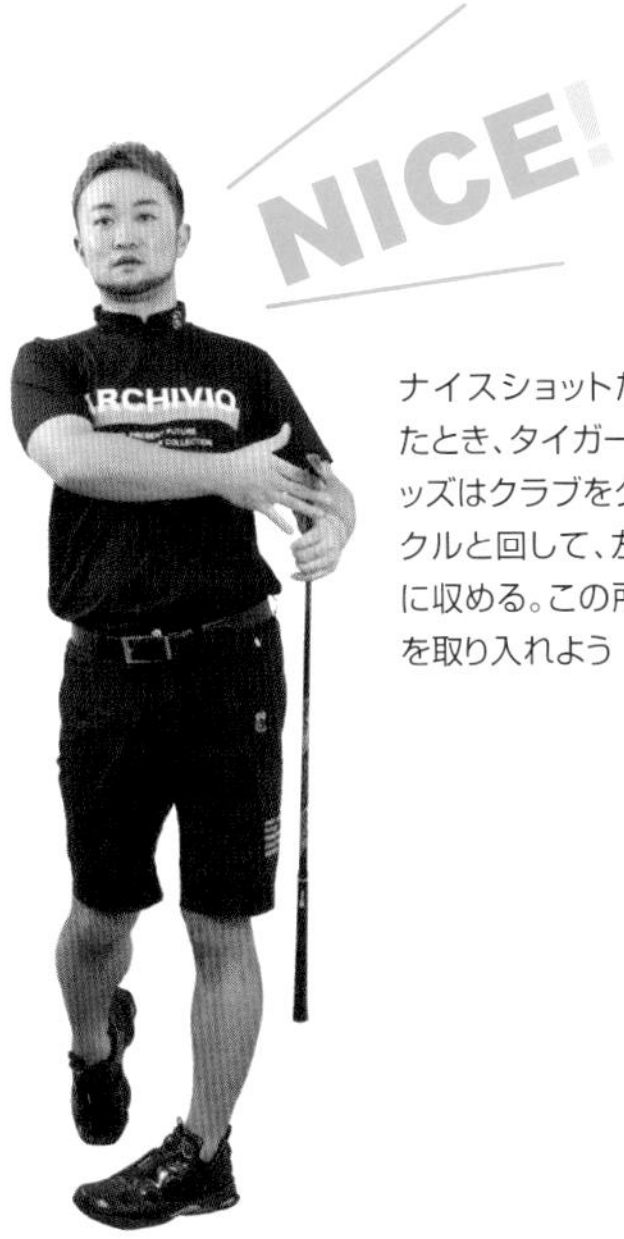

ナイスショットだったとき、タイガー・ウッズはクラブをクルクルと回して、左腰に収める。この所作を取り入れよう

POINT

指先でフェースの向きを感じよう

普段から指先でクラブをクルクルと回す練習をしよう。見なくてもフェースの向きを感じ取れなければ、向きの管理などできない

成功か失敗かを身体に記憶させる

フォローやフィニッシュは、インパクトの後であり、飛ばしには関係ないのですが、一つ意識してほしいことがあります。それは「アフターショット・ルーティン」。ショット後、ボールを見送る動きまでをルーティン化し、いま打ったショットがナイスだったかミスだったかによって、打った後の所作を変えるんです。そして、自分自身の脳に「いまのはOK」「いまのはNG」ということを記憶させる。それによってナイスショットが経験として、次に生きる度合いが劇的にアップします。

COLUMN

腕についての真実

腕の前側と後ろ側 両方の筋力を 使い切る!

32ページでは、背中側とおなか側の筋肉の力を両方使いきるための構え方を紹介しました。前だけ、後ろだけしか使わないのでは、効率も高まりませんし、バランスも悪いわけです。これは、体幹だけの話ではありません。上腕についても前と後ろの両方を使うべきです。

腕をピンと伸ばすと裏側に力が入りますが、表側には入らないですよね。ヒジを曲げると表側に力は入りますが、裏は入らない。両方力が入るところを探してください。

「まっすぐに見えるけど、ちょっと曲がっているかな」程度が正解です。前と後ろ、両方の力を使えます。ただ、後ろ側の筋肉が強い人は、少し曲がり方が大きくなります。だから、ヒジの曲がり具合にも個人差があっていいのです。

ヒジは
伸ばす?
曲げておく?

→

どっちかよく
わからない状態
が正解!

PART 3
飛ばしの絶対条件

飛ばしのエッセンス❶

アッパーに当てなきゃ絶対に飛ばない！

右に傾いた軸を保ちアッパーにとらえる

ボールを遠くに飛ばすには、インパクトの効率を高めて初速を上げつつ、ボールを高打ち出し・低スピンで打ち出すことが重要です。それに不可欠なのがアッパーなインパクト。アッパーとは、ヘッドがスウィング軌道の最下点を過ぎて上昇過程に入ったところでインパクトすることです。

上昇中にインパクト!!

かっ飛び！Point

上昇しながらロフトが小さい状態でボールに当たると正面衝突となり、インパクト効率が最も良くなります。

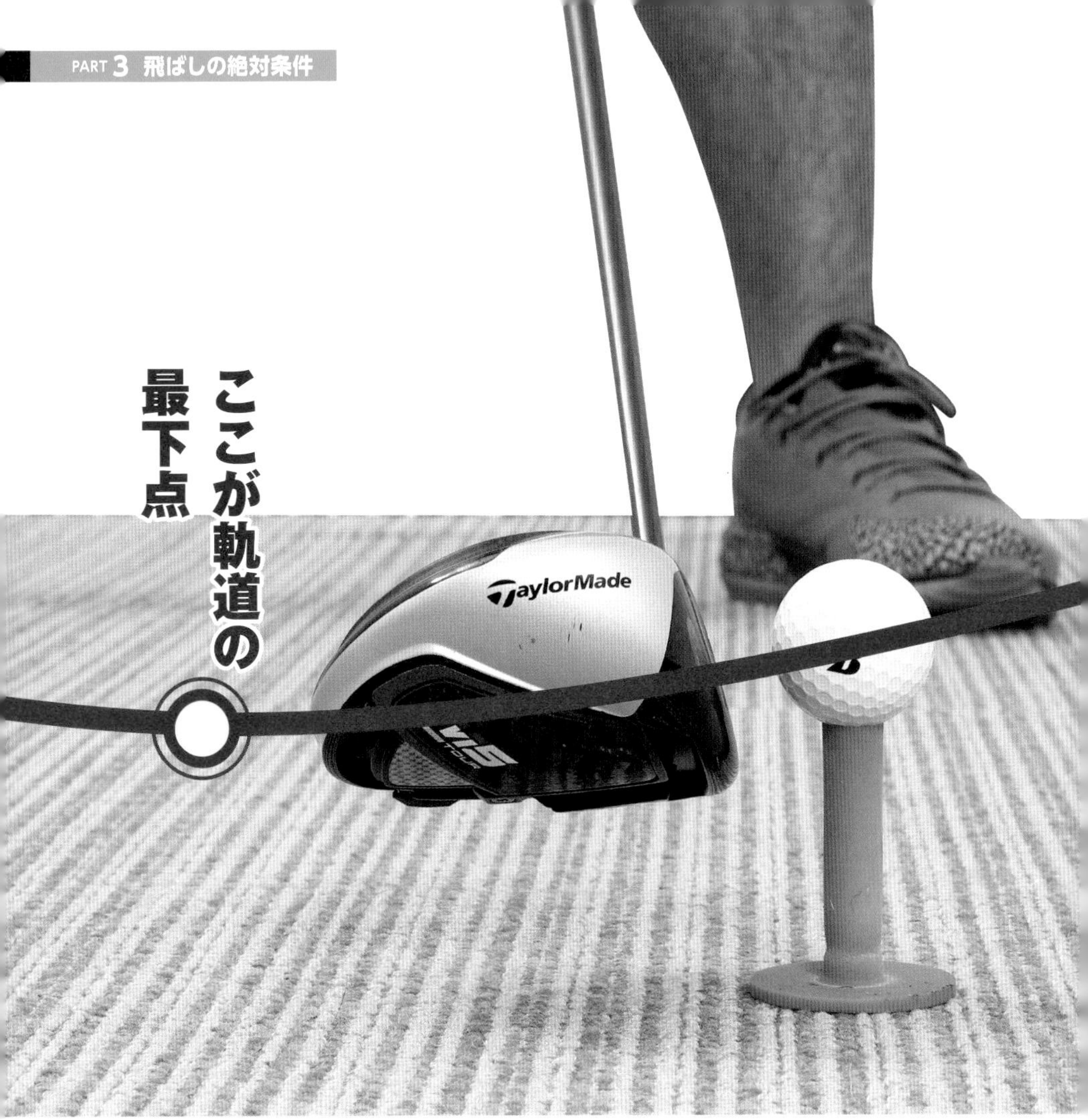

ここが軌道の最下点

最下点を過ぎてからインパクトする

軌道の最下点はシャフトが地面と垂直になる、インパクトのちょっと手前。ここからヘッドが上昇する過程でインパクトを迎えるのが正しい「アッパー」となる

飛ばしのエッセンス❷

身体全体ではなく肋骨より上を少し右に傾ける

回転軸を右に傾ければ、ボール位置で軌道は上昇段階になっている

下半身はまっすぐ立ち肋骨より上を右に傾ける

かっ飛び!Point

アッパーにインパクトするために、軸を右に傾けます。肋骨から上だけで傾きをつくることが大切です。

肋骨の一番下のラインを意識する

肋骨から上だけ傾けることに慣れるため、
普段から傾ける練習をしよう

肋骨の一番下のラインを確かめ、
それより上を右に傾ける

お腹を締めて上だけ動かす練習をしよう

アッパーでインパクトするためのポイントは、アドレスで上体を少し右に傾けて右下がりの軸をつくること。下半身はまっすぐ立ち、肋骨より上を右に傾け、その軸を保ってスウィングしましょう。

PGAのトップ選手はややダウンブロー気味にインパクトする選手が多いですが、実はあれは「飛ばさない」ためのインパクト。有り余るパワーをコントロールし、曲げずに狙ったところに飛ばすために、飛距離を犠牲にしているんです。飛ばしたかったらマネしちゃダメです。

飛ばしのエッセンス③

強く叩きにいける トップの位置を見つける

前傾が崩れない範囲で最も強く叩ける位置が理想のトップ

まず、小さなトップからインパクトを強く叩く。次第に振り幅を大きくし、前傾が崩れない範囲で最も強く叩ける位置が理想のトップ

かっ飛び! Point

前傾角度を維持して強く叩くには、どう上げてどう下ろせばいいか、自分なりの動き方を探しましょう。

カカト体重ではパワーが出せない

カカト体重では、うまく下半身が使えず、効率良く力を出せない

トップでツマ先体重にすると筋力を最大に使える

切り返しでもダウンスウィングでも、下半身をうまく使うためにツマ先体重が絶対条件となる

衝撃を大きくするためのトップの位置を探す

トップは形としてつくるべきものではありません。切り返すタイミングで、止まって見える形でしかないからです。

その形は、人によって異なります。強く叩くためにどこの筋肉をどう使うかということに関して、筋力のバランスや骨格の違い、動きについての得意不得意があるためです。

飛ばしたいのなら「強く叩きに行ける」ポジションを探すこと。その際は、ツマ先体重を保ち、前傾角度を維持することがマストです。前傾が崩れない範囲で最も強く叩ける位置を探してください。

飛ばしのエッセンス④

自分にとって理想のトップを見つけよう

ドローを打つなら右親指が首の付け根を指す

首の付け根の部分を右手の親指が指す。この形になるのは瞬間的だが、確認しながら動いている

かっ飛び! Point

クラブの慣性と切り返しの動きが拮抗してトップの形が一瞬つくられます。「こんな形」という自分なりの感覚を持っておくといいですよ。

フェードの場合は右親指は背中の後ろを指す

フェードの場合は、手の位置が少し低くなり、親指は背後の空間を指す

ストレスなくできる自分の方法を探す

トップのつくり方について、個人的に意識しているポイントがあります。右手の親指が首の付け根を指す状態までもっていく意識しているのです。

僕は身体が硬いので、この形を静的につくることはできません。バックスウィングの勢いを利用して、クラブの慣性に引っ張られてここに収まる感覚です。この深いトップをつくるためにも、バックスウィング後半のスピードは不可欠です。

ちなみに、トップのポジションは人によって違いますので、各自見つけてください。

飛ばしのエッセンス⑤

インパクトの瞬間は左足を右斜め上に蹴る！

左ヒザから太モモで身体を右上に押す

身体を右斜め上に押し戻すように左足の力を使うことで回転速度を上げる

かっ飛び！Point

左足のヒザから太モモを使って地面を斜めに押すと、切り返しの力を受け止め、回転に変換してくれます。

Bad

左足はツマ先を使わない

左ツマ先で地面を蹴ると、ヒザの動きが止まって、スムーズに回転できない

Good

左ヒザから太モモを使う

左ヒザから下を外旋させながら、地面を押して身体を右上に押す

左足の蹴りで右足の蹴りのパワーを受け止め回転に変換する

切り返しでは右カカトを上げてヒザ蹴り。左足の蹴りでその力を受け止め、回転に変えてインパクトに導く

トップ　ダウンスウィング　インパクト

左足に乗りきる前に思い切って地面を蹴る

飛ばしのエッセンスとしてもう一つ挙げておきたいのが、左足の蹴りです。切り返しでは右足でヒザ蹴りと説明しました。その直後に、左足で地面を蹴れば、右で蹴った力を受け止めて回転に変換できます。

ポイントは左足に乗りきる前に、身体が右斜め上に跳ね上がるように斜め方向に蹴ること。ツマ先で地面を蹴るのではなく、左ヒザから太モモを使って地面を押します。左ヒザが右斜め上方に動くような感じです。左足が地面から浮くくらい思い切って地面を押してください。

スピードUPの条件❶

インパクトの直前にヘッドを最速にすべし!

ココが速くなければ意味がない

インパクト(またはその直前)にヘッドスピードを最速にするにはどうするかが飛ばしのポイント

かっ飛び! Point

軌道の最下点を過ぎると重力の影響で減速します。だからインパクト直前が最速になるようにします。

フォローが速くなるのは結果であって目的ではない

「フォローで速く」と意識する人もいるが、その人がインパクトで最速にするための個人的な感覚や結果論と言える

手だけ速く振っても意味がない！

手を速く振っても、クラブヘッドが速く動かなければ飛ばせない

ヘッドスピードは大事だが結果でしかない

ここからはヘッドスピードを上げることについて説明していきます。

なんのためにヘッドスピードを上げるかと言えば、インパクトでボールに与えるエネルギーを最大にするため。ですから、インパクトで最も速くなるようにということを考えるべきです。

また、速くするのはヘッドの動きでなくてはなりません。クラブを持っている手をどんなに速く振っても、ヘッドが速く動かなければ飛ばせないということも理解してください。

スピードUPの条件❷

身体の右斜め前45度で高く短い音を出す！

スピードの判断はクラブが出す風切り音でする

まず、下半身を使わずに身体の右斜め前（右腰の前）が最速になるように振る。身体の回転が加われば、この位置がインパクトポイントになる

ボールを打つ練習ではスピードを意識できない

インパクト直前を最速にするにはどうすればいいでしょうか。ぜひやってほしいのは、クラブで「ピュッ!」という風切り音を鳴らす素振りです。音が鳴る位置がスウィングの最速ポイント。短く鋭い高音なほど速い証拠です。

まずは身体の回転は意識せずに、身体の右斜め前45度の位置で高く短い風切り音が鳴るように振ります。ポイントは、腕だけでもクラブだけでもなく、「腕でクラブを振る」こと。この感覚がつかめてから、通常のフルスウィングでもやってみてください。

手でクラブを振ることが大事

手だけやクラブだけでなく、「クラブを持っている手で、クラブを速く振る」ことを意識する

球を打ちながらでは、音が鳴る位置を意識できません。どんなスポーツでも素振りは大事な練習のはずです!

スピードUPの条件③

スピードアップしても当たり負けしない力が必要！

フェースが開く力とヘッドが押される力に対抗する

かっ飛び！Point

インパクトでフェースが開いたりヘッドが押し返される、つまり当たり負けするのを手首の動きで防ぎます。

インパクトで当たり負けしないため、右手をうまく使うことが必要

リストワークやローテーションと呼ばれる動きは当たり負けを防ぐための動き

「フェースを返す」「ボールを押し込む」と表現される動きによって当たり負けを防ぐ

ヒジ下を動かすトレーニングは飛ばしには不可欠

手首の動きには、正しいタイミングで正しい方向に行なう感覚が必要。ペンをクラブの代わりにして、いつでもできる練習法を次ページで紹介するので取り組んでほしい

インパクトの衝撃に手首の動きで対抗する

　ヘッドスピードを上げるためには、手首の動きがとても重要です。飛ばし屋や上級者は無意識に使えているけれども、飛ばない人には理解されておらず、従来のレッスンではあまり論理的に説明されてこなかった要素なので、ぜひ覚えてほしいポイントです。

　具体的には、右前腕を内にひねる動きと、右手首を手のひら側に曲げる「掌屈《しょうくつ》」の動きです。この動きで、インパクトの衝撃による影響（フェースを開こうとする力と、ヘッドを押し戻そうとする力）に耐えるのです。

スピードUPのドリル

Drill

ペンを2本指でつまんで手首をトレーニングする

STEP 1

右前腕の回内（内ひねり）

フェースが開く力に対抗する力を養う

ペンを右手のグリップと同じように、親指の腹の内側と人差し指の「トリガー（カギ型にした部分）」でつまんで持つ。ヒジ掛けのあるイスにすわり、右ヒジを乗せて行なう（以上、STEP2も同様）。ヒジを動かさず、前腕だけで手首を内側にひねる。

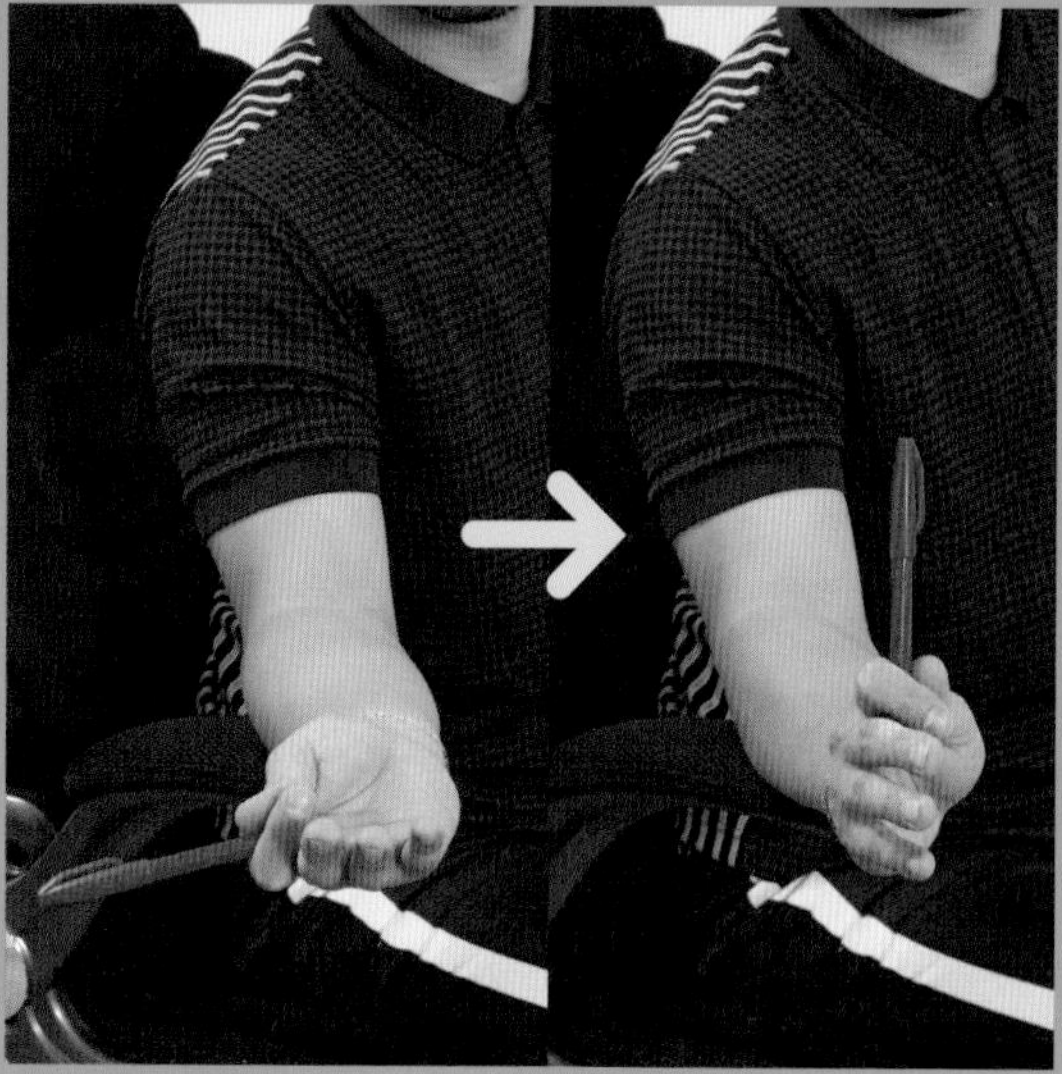

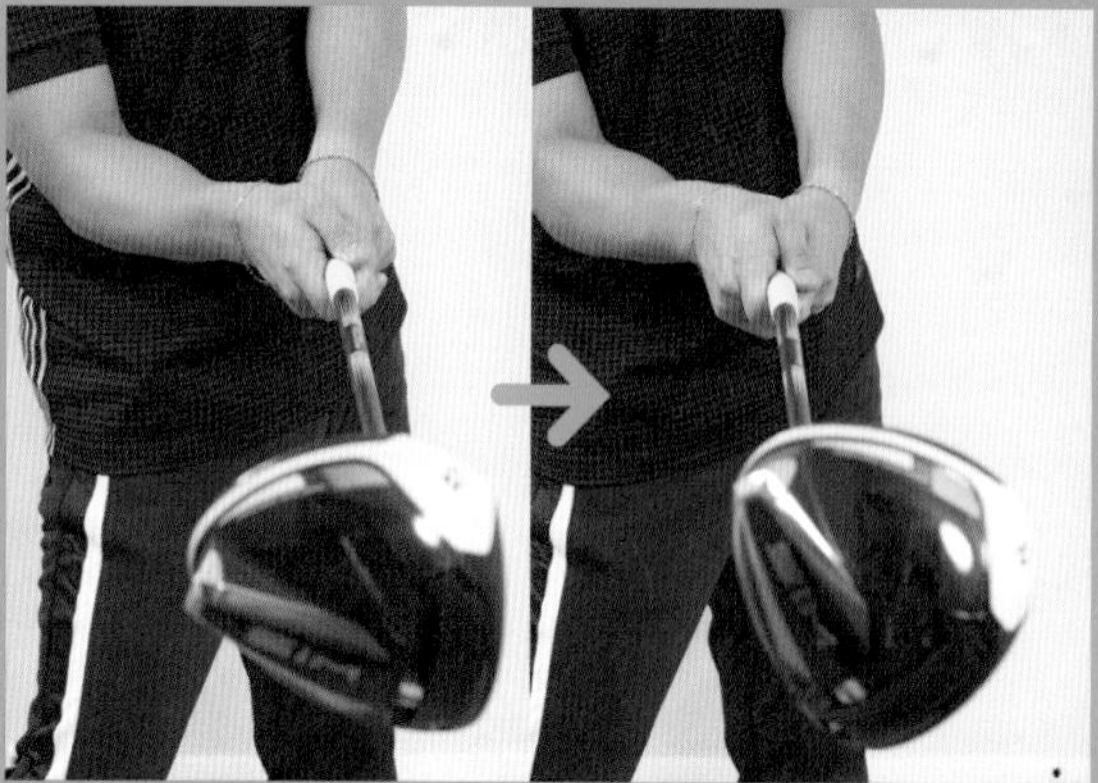

右前腕の内側へのひねりは、フェースを閉じる動きになる。インパクトでフェースが開く力に対抗する

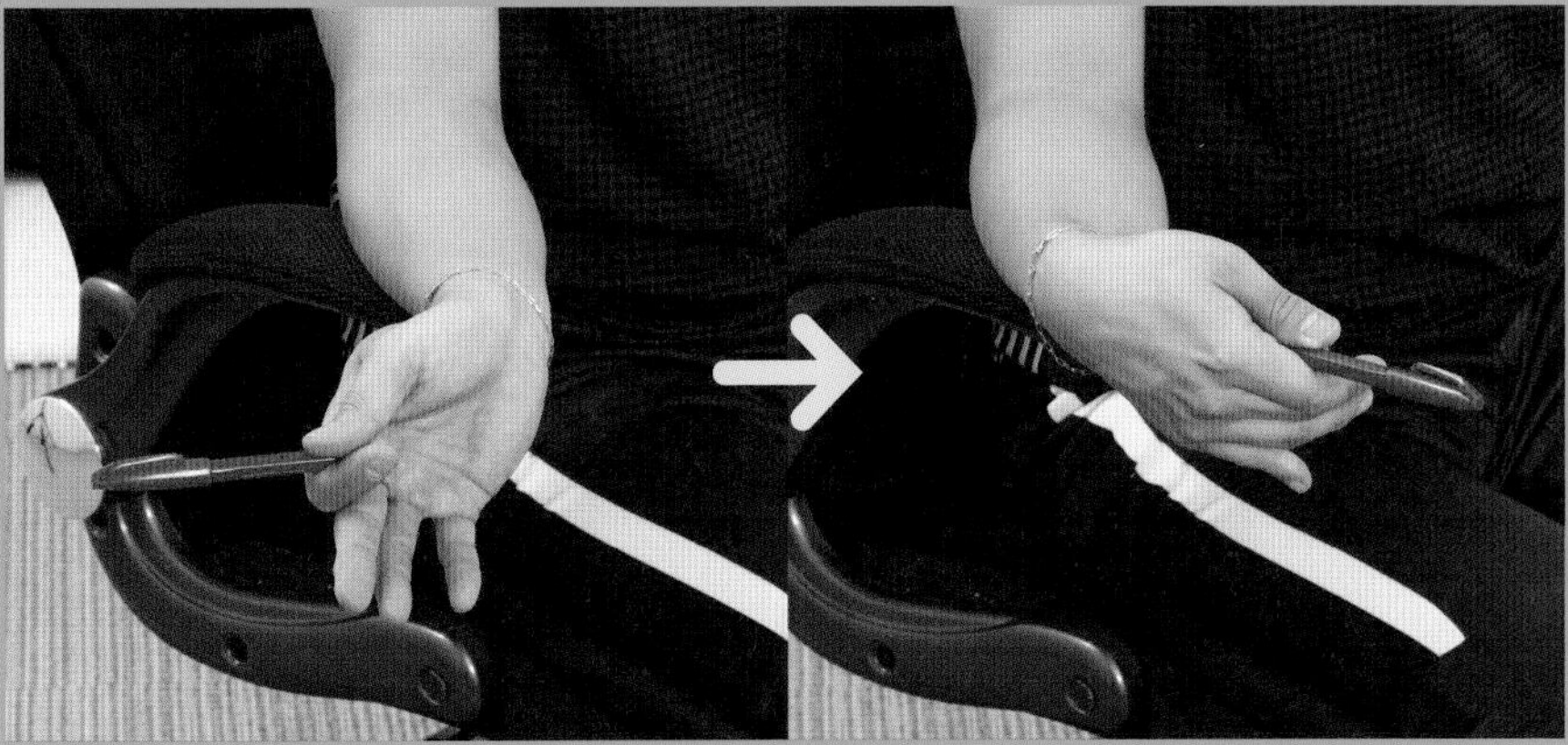

STEP 2

右手首の掌屈（ひら側に折る）

ボールの押しに負けない力をつける

ペンを持って、右手のひらを、手のひら側に折るヒンジの動き掌屈《しょうくつ》も行なおう。ペンの傾きを変えずに、手首を折る動かし方を身につける。

右手首の掌屈は、スウィング軌道に沿ってフェースの向きを変えずにヘッドを押し込む動き。インパクトでヘッドが押されることに対抗する

インパクト効率UPの条件①

シャフトのしなりのパワーを ボールにぶつけていこう

かっ飛び! Point

シャフトを大きくしならせてヘッドをぶつけるには、右手V字で受け止めて押し返すのがベストな方法です。

Good

インパクトの衝撃力を高めることを追求しよう

自分の力だけでなく、クラブの持っている力も借りることがカギだ

Bad

手元や身体をボールにぶつけようとしてはダメ

手(左)や身体(右)をボールに向かって動かしても衝撃力は大きくならない

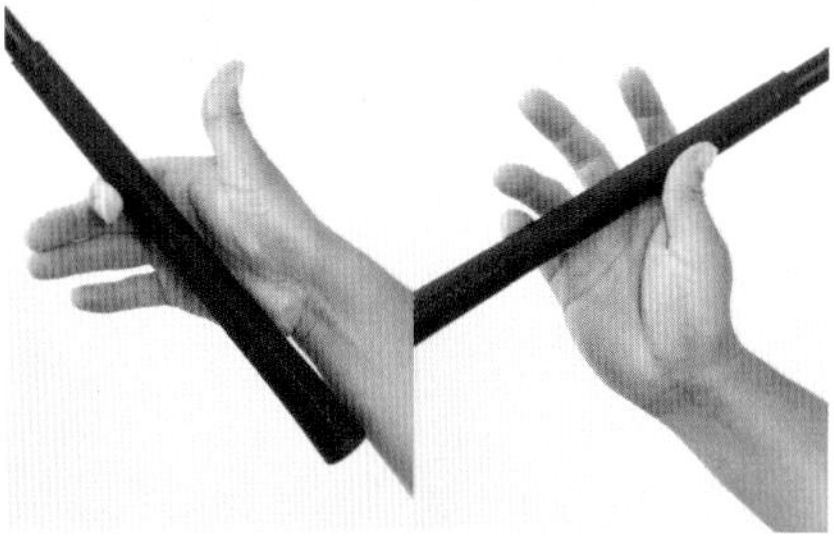

ダーツを投げる感覚で“手の内”を使ってしならせる

右手V字で重さを受け止め、人差し指のトリガー（引き金）を使って押し返してシャフトをしならせる。この動きがスムーズにできるよう、毎日取り組んで身につけておこう

バックスウィングでスピードを出しシャフトをしならせる

強いインパクトのためにシャフトの力を借りる

インパクトの衝撃力を高めるために、道具の力を借りることについて説明しましょう。インパクトの衝撃力を高めるために、シャフトのしなりの力を使います。切り返しからダウンスウィングにかけてクラブをしならせ、そのしなり戻りをタイミングよくインパクトにぶつけるのです。

そのためにはまず、大きくしならせることが必要。加速して上げたバックスウィングの動きを右手のV字で受け止めて、押し返す動きが必要です。「手の内の動き（上写真）」を学んでください。

インパクト効率UPの条件②

切り返しではクラブを〝右上〟に押し返す

トップで受け止め

加速しながら上げたクラブを受け止めてしならせる

かっ飛び！Point

切り返しでは右腕でクラブの重さを右上方向に押し返します。ヘッドが早く戻っていきますが、それが正解。

右腕を右斜め上に伸ばしていく

切り返しからは右手で斜め上に押し返す。ダウンスウィングの回転運動に対し、このくらい早いタイミングでヘッドを戻さないとインパクトに間に合わない

切り返しで押し返し

ボールにぶつける！

しならせたシャフトのしなり戻りのパワーをぶつける

ヘッドが上がってきた円弧をなぞるように押し返す

右手で押し返してインパクトにぶつける

切り返しでクラブの勢いを受け止め、押し返して、しなり戻りをタイミングよくインパクトにぶつけます。

押し返す動きのポイントは、右腕でクラブを右上方向に放り投げるイメージです。多くの人がイメージしている「タメる」動きとはまったく異なるイメージですが、クラブヘッドが通ってきた円弧を反対方向になぞるようにクラブを押し返すには、最も自然な動きのはずです。

「タメるより、早く戻し始める」という意識改革は絶対に必要です。

インパクト効率UPの条件③

トップでしっかり回転すればカット軌道にならない

上体が右（目標方向の逆）を向くトップをつくろう

バックスウィングでは胸が右を向くまでしっかり身体を回転させる

かっ飛び! Point

タメずに戻し始めても、胸が右を向くまで回っていれば、ヘッドはインから下りてきます。

回転が足りなければ左カカトを浮かす

身体が硬くてトップで上体が右を向ききらない人は、ヒールアップなどを取り入れて回転量を増やせばOK

切り返しで右ヒジを伸ばしてもカット軌道にならない

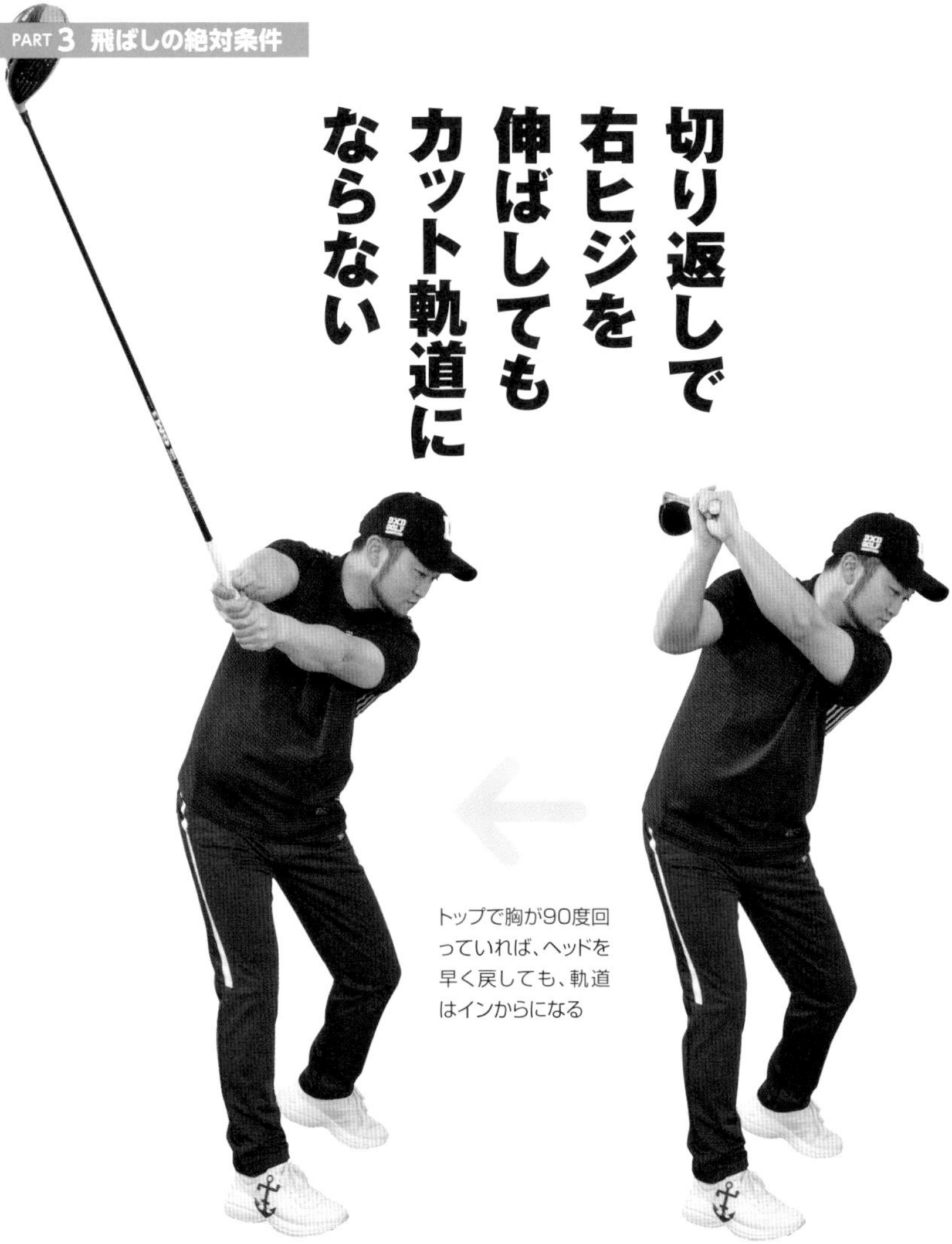

トップで胸が90度回っていれば、ヘッドを早く戻しても、軌道はインからになる

胸が右を向いていればクラブはインから下りる

クラブを斜め上に押し返すと、アーリーリリースやカット軌道になると思うかもしれませんが、大丈夫です。その理由を説明しましょう。

バックスウィングでしっかり回転し、トップで上体が右を向いていれば、ヘッドがアウトサイドから下りてくることはありません。

ダウンスウィングの軌道は、切り返しの瞬間に胸が向いている方向で決まるためです。バックスウィングで身体がちゃんと回ってさえいれば、ダウンスウィングはインサイドから下りてくるのです。

インパクト効率UPの条件❹

ボールに右腰を近づけると同時に左腰を遠ざける

左ヒザを伸ばして左腰をボールから遠ざける

左足のヒザを伸ばす（102ページ）と左腰はボールから遠ざかる

右ヒザ蹴りで右腰を前に出す

右足はヒザ蹴り（78ページ）すると右腰はボールに近づいていく

フットワークと回転を結びつける

右足はヒザ蹴り（78ページ）し、次の瞬間、左足はヒザを伸ばす（102ページ）

両足それぞれの動きが連動することによって、前傾を保ったまま腰の高速回転が起きる

かっ飛び! Point
身体の回転が速く強いほど、切り返しでクラブを押すタイミングを早くでき、飛距離も伸びます。

左右の腰を同時に反対に動かすから軸ができる

切り返しでは右手で押し返す動きと同時に身体はインパクトに向けて左回転しなければなりません。そこで必要なのが、切り返しの瞬間、強く腰を切る感覚です。「腰を切る」とは、右腰をボールに近づけると同時に左腰をボールから遠ざける動作。左右の腰を同時に、同じ量で動かすことがポイントで、それによってその真ん中に軸が生まれ、スムーズな回転になります。

下半身が高速回転するため、アーリーリリースしているような感覚でもインパクトでタイミングが合うのです。

ありがちな
誤解を正す❶

トップは「キレイな形」よりも「パワーが出せる形」を目指そう！

右手に持ったボールをアドレスのボール位置に

右手に持ったボールを、アドレスのボール位置に力いっぱいぶつけようとしたときの身体のポジションが基準

思い切りぶつける

力の入るトップの形のつくり方

ボールの位置にものをぶつけようとしたときの右手の位置を確認
クラブを持った左手を、右手に近づけていく。当然右手に届かない
左右の手の中間の位置でグリップするのが理想のトップになる

かっ飛び! Point
飛ばすために大事なことは、力の出しやすさです。それを基準に自分の形を見つけましょう。

ボールに向かってエネルギーをぶつける

既存のレッスンや世に出回っているスウィング写真、プロの言葉などの影響を受けて、さまざまなスウィングの本質が誤解されています。その最たるものが、キレイなスウィングを目指そうとすることかもしれません。とくにトップの形はその代表格。「左腕が伸びて、身体が深く回って、手の位置が高く」など形だけ飛ぶ人のマネをしても飛ばせません。

ボールに向かっていちばん力を出しやすいトップがいいトップです。それを忘れないでください。

ありがちな誤解を正す②

「力みはNG」は大嘘です。最大パワーで振る練習は必須

Phase1

とにかく力んで強振する！

かっ飛び！Point

衝撃力の大きなインパクトをつくるには、思い切り力を込めて振って飛ばすための練習が絶対に必要です。

パワーが出せるトップをつくり、全力でボールを叩く練習をする。インパクトバッグを実際に叩くのも効果的だ

最大パワーで振る練習は飛距離アップには不可欠

多くの人が勘違いしているもう一つの代表格が「力み＝ミスの原因」という意識です。

しかし、パワーを出すために力まないなんてことはあり得ません。「最大パワーで振ったら当たらない」なんて言う人がいます。しかしそれは、当てる練習をしていないから。力んで飛ばす練習をして

Phase 2

小さく振って芯に当てる

最大パワーで振る練習と交互に、最大ミートで当てる練習（126ページで紹介）を欠かさずに行なうことが大切

ください。

ただし、最大パワーで振る練習には、それとセットにして最大ミートで当てる練習もしなきゃダメです。

具体的には、もっとも小さいスウィングで真っ芯でボールをとらえる練習です。最初は5センチの振り幅でもいいので、「絶対に当たる」ところから「絶対に当てる」練習をします。そして、その振り幅を少しずつ大きくしていってください。

「最大パワー」で振る練習と「最大ミート」で当てる練習の両方をやった人が目一杯力んで振って、初めて飛ばせるということを肝に銘じてください。

ありがちな
誤解を正す❸

ビハインド・ザ・ボールよりも叩いて振り切れる動き方を探そう

Good

ルックアップしたほうがスムーズに振れる

かっ飛び! Point

ボールを見ようとか頭を残そうとするよりも、回転しやすさを優先して動きを組み立てていくのが正解です。

ココに注目

身体が目標を向くのは自然な動き

ボールを投げるとき、顔は自然に回る(左)。頭の位置や顔の向きを変えずに投げようとすると手先だけの動きになる(右)

バック スウィングの 回転促進には 効果あり

頭を残そうとして顔を右に向ける人がいる。この動きはバックスウィングについては回転しやすくなるメリットがある

Bad 頭を残そうとすれば 回転が止まる

頭を残すと身体の回転が止まり、手先でクラブを振ることになる

ボールを投げるときに頭や顔を残したりしない

もう一つ、誤解が多いのが「ビハインド・ザ・ボール」。確かにインパクトで頭を残した形になるプロもいます。しかしそれは筋力と柔軟性をもったうえで、身体が左に流れるのを防ぐためにやっていること。マネしても回転しづらくて手打ちになるだけです。

それより、スムーズな回転につながる動きを考えるべき。頭については勝手に上がってしまうのはヘッドアップですが、自分で意図して顔を回していくのであればルックアップ。ルックアップなら問題はないのです。

ミート率を最大化するドリル

Drill

最大ミートで当てる練習を最大パワー練習と交互に行う

腰を30度回した状態で振る

ミート率を最大にする技術を身につけることが、最大パワーを活かすカギとなります。

腰が30度くらい開いた状態になるのを目安に、オープンスタンスで構えます。これは、インパクト時の身体の向きを最初につくっておくという意味です。スウィングをする際に身体の動きが最小になるので、腕を振る動きに焦点を当てて練習できます。

STEP 1 リストワーク 手首の動きだけでミート

身体も手元も動かさずに固定しておき、手首の動きだけでクラブを振ってミートする。これが「最小の振り幅」。真芯で打つ技術を身につけよう

STEP 2 肩のターン

手首を固めてミート

第2段階は、手首を使わない。みぞおち（肋骨の一番下）から上の捻転だけでスウィングし、ミートする

STEP 3 組み合わせ

腰から腰の振り幅でミート

STEP1とSTEP2の動きを組み合わせて、「腰から腰までの振り幅（手の動きとして）」で確実に芯で打てるようにする

浦 大輔（うら・だいすけ）
1985年生まれ。明徳義塾高校を経て東北福祉大学へゴルフ部特待生として入学。事情により中退後、物理学、スポーツ力学、クラブのメカニズム、身体構造などを研究し独自のゴルフ理論を確立する。現在、東京·赤坂で「√《ルートディ》dゴルフアカデミー」を主宰。特に飛距離アップのレッスンを得意としている。ドラコン公式記録は406ヤード。著書に『人気プロコーチ浦大輔のアクセス数TOP30レッスン』（エイ出版社）がある。

STAFF

◎編　集　協　力　城所大輔（多聞堂）
◎執　筆　協　力　長沢 潤·鈴木康介
◎デ　ザ　イ　ン　シモサコグラフィック
◎写　真　撮　影　天野憲仁（日本文芸社）·髙木昭彦
◎動画撮影·編集　多聞堂
◎撮　影　協　力　ルートディーゴルフアカデミー（東京·赤坂）
◎写　　　　　真　iStock

最長《さいちょう》406ヤード！ 浦《うら》大《だい》輔《すけ》のゴルフ“かっ飛《と》び”メソッド

2021年10月1日　第1刷発行

著　者　浦《うら》大輔《だいすけ》
発行者　吉田芳史
印刷所　株式会社光邦
製本所　株式会社光邦
発行所　株式会社 日本文芸社
〒135-0001 東京都江東区毛利2-10-18 OCMビル
TEL 03-5638-1660（代表）
Printed in Japan 112210915-112210915 Ⓝ 01（210088）
ISBN978-4-537-21932-6
URL https：//www.nihonbungeisha.co.jp/

編集担当：三浦

内容に関するお問い合わせは、小社ウェブサイトお問い合わせフォームまでお願いいたします。
https://www.nihonbungeisha.co.jp/